Noviembre 7/99.

Adquirido luego del taller de
la magia del Perdón con
el Padre Gonzalo Gallo. en Pereira
Hotel Melia... Octubre 25/99.
Amparo y familia.

En ocasiones muy frecuentes,
aquí o allá, necesitamos
sintonizarnos con esa vocecita
interior, que al escucharla en
el silencio de la noche, o
de la soledad en medio
del bullicio, nos permite
encontrarnos con nosotros
mismos.

Cuando lo adquirí ya le
tenía destinatarios. es una
pequeña manera de decirles
que los recuerdo con inmenso
cariño.

Luz Elena Arias b.

Tu Espíritu en Frecuencia Modulada

Mensajes para ser Feliz

GONZALO GALLO GONZALEZ

Impreso en Colombia por Cargraphics S.A. - Imprelibros
Dirección Editorial y Diseño: Andreína Carvajal
Diagramación y Pre-prensa Digital: *LaserJet* **Tel.: 660 70 85 Cali**
Recopilación de Textos: Carmen Martínez Chaux
Coordinación Editorial: Orlando Zapata Preciado
Corrección: Luis Eduardo Yepes

1a Edición de 11.000 Ejemplares Noviembre 1996
6a Edición de 6.000 Ejemplares Abril 1999

ISBN 958-95750-4-8

Los amigos multiplican los gozos
y dividen los pesares.
Henry G. Bohn

Un amigo fiel
vale por diez mil parientes.
Eurípides

Dedico este libro a mis amigos.
Gracias por ser un tesoro sin precio, luz en las
tinieblas y apoyo en la adversidad.
Mi gratitud y aprecio a Andreína Carvajal.
Su talento, su arte y su bondad ilimitada
brillan con luz propia en este libro y en los
anteriores.

Primera Parte

Historias

Juan, Luis y el oso

uenta el escritor ruso León Tolstoi, que dos amigos, Juan y Luis, decidieron salir a pasear al bosque. Cuando estaban adentro, en la espesura, apareció un oso hambriento cerca de ellos.

Juan echó a correr, sin interesarse en lo más mínimo por la suerte de su amigo, y trepó a un árbol bien alto. Luis no alcanzó a subir a un árbol y optó por tenderse sobre el piso. Allí se quedó inmóvil como si estuviera muerto.

El oso se acercó amenazante, lo husmeó y tomándolo por muerto se fue.

Entonces Juan bajó del árbol, se acercó a Luis, que aún estaba pálido y tembloroso, y le preguntó:

"Oye, ese gran oso se te acercó tanto que parecía querer decirte algo, ¿qué te dijo?".

"El oso sí me habló", respondió Luis. "Se me acercó mucho y me dijo una sola cosa al oído":

"No te fíes jamás de esos falsos amigos que cuando más los necesitas te abandonan en las dificultades".

El Sabio consejero

*C*uenta la historia que en una aldea vivió hace mucho un sabio consejero visitado por miles de seres. Todos acudían a él con su fardo de problemas y se iban tranquilos después de visitarlo.

Un periodista, intrigado por saber qué secreto tenía el consejero para iluminar problemas tan disímiles, decidió estudiar el caso. Después de muchas averiguaciones descubrió que el sabio hacía sólo estas dos cosas:

1. Escuchaba a todo el mundo con la máxima atención y comprensión.

2. A todos les repetía la misma frase:

"Simplifique...simplifique".

Se dio cuenta de que esas dos fórmulas eran válidas para los problemas, pero pensó que tenía que haber algo más. Investigó hasta el fondo consultando de nuevo al sabio y ésta fue la conclusión a la que llegó.

El sabio era un mago en capacidad de escuchar y a todos les decía "Simplifique...simplifique". Pero había algo más: era sordo.

Historia oriental

*L*as personas inconformes y difíciles de contentar están bien descritas en esta historia oriental.

Un pobre hombre se encontró con un antiguo amigo que se había dedicado a la oración y al crecimiento espiritual. El amigo tenía un poder sobrenatural que le permitía hacer milagros.

Como el hombre se quejara de las dificultades de su vida, su amigo tocó con el dedo un ladrillo que, de inmediato, quedó transformado en oro. Se lo ofreció al pobre, pero éste encontró que eso era muy poco y siguió quejándose.

El amigo tocó un león de piedra que se convirtió en un león de oro macizo y lo agregó al ladrillo de oro. El pobre encontró que el regalo era aún insuficiente y entonces el hacedor de prodigios le preguntó:

- ¿Qué es lo que quieres? ¿Qué más deseas, pues?

- ¡Quisiera tu dedo! -contestó el otro.

Así vemos la realidad

Dos animales sostenían esta animada charla en medio de la selva:

- ¡Qué lástima que Dios no haya creado más hienas! Que animales tan buenos y tan queridos. Nunca nos hacen daño.

- Tienes razón. En cambio los patos son terribles. Les tengo pánico porque han matado a varios amigos y familiares.

- Ah, y qué bueno que hubiera más tigres y más leones. Son animales nobles y uno a su lado se siente tranquilo.

- Así es, lo que no pasa con los gallos o los gansos que no tienen corazón y nos persiguen con saña. Yo los odio.

- Yo también y siento escalofríos al lado de uno de ellos, lo que no me sucede al lado de una amable pantera o un inofensivo leopardo.

Hasta aquí la historia. Y para los que anden intrigados es bueno aclarar que los que charlaban eran dos gusanitos.

Con razón se afirma que no vemos las cosas y las personas como son sino como somos. Vemos la realidad con la óptica de nuestro ser y nuestros paradigmas. Y es bueno saberlo para sacar conclusiones objetivas.

La sabiduría popular lo resume en refranes como este: Las cosas son del color del cristal con que se miran.

Las 3 hijas del rey

Cuenta la leyenda que un rey tenía tres hijas y le pidió a cada una de ellas que le describiera la profundidad de su amor por él.

La mayor dijo que lo quería tanto como el pan; la segunda, tanto como el vino, y la tercera, tanto como la sal. El rey se enfadó con su hija menor y por haber elegido la sal la desterró de su presencia.

La hija permaneció desheredada hasta que recibió la ayuda del cocinero del palacio. Siguiendo su consejo, la hija menor le preparó a su padre una comida sin sal, totalmente insípida.

Entonces el monarca comprendió que no podía vivir sin la sal y acogió con gusto a su hija, al entender la profundidad de su amor.

Esta leyenda romana destaca el valor de lo pequeño simbolizado en el poder sazonador preservativo y antiséptico de la sal. Lástima que los agüeristas la miren mal. La sal conserva, purifica, y da vida. ¡Pongámosle sal a la vida! Llenémosla de amor y de humor, y aprendamos a valorar lo pequeño.

El rico y el mendigo

Relata una historia oriental, que un mendigo llegó a la casa de un hombre rico y nada generoso, y le suplicó que le diera un pan aunque fuese duro.

- ¿Cómo quieres que te encuentre un pan? replicó el otro. ¿Acaso me tomas por un panadero?
- Entonces ofréceme un poco de gordo de carne.
- Esto no es tampoco una carnicería.
- Dame al menos un puñado de harina.
- ¿Se parece mi casa a un molino?
- Entonces te ruego que me des sólo un vaso de agua.
- Aquí no hay río.
- Al menos podrías darme algo de ropa usada.
- Si observas bien, mi casa no es un almacén de ropa.

Así, cada petición del mendigo era rechazada del mismo modo, hasta que éste se quitó el pantalón y defecó en el umbral de la casa.

- ¿Qué haces? preguntó el amo de la casa escandalizado.

- Por lo que veo, esto es una ruina apta sólo para servir como letrina o basurero. En efecto no hay nada en ella para comer, beber o vestirse. ¿Cómo podría alguien vivir en este lugar? Está claro que es un sitio inhóspito y frío que nada ofrece y sólo sirve para defecar.

Suicidio frustrado

*D*ramas de la vida real es una de las interesantes secciones de la revista Selecciones que narra la historia de un intento de suicidio.

Es el drama de Charles Crawford, quien estaba a punto de saltar desde un puente elevado en una autopista de California, en septiembre de 1994.

Llevaba desde niño una vida difícil, carente de amor, y el día que su novia dio por terminada su relación, decidió quitarse la vida mientras se repetía: "Nadie me quiere...la vida no tiene sentido".

Miles de autos pasaron raudos por la autopista, pero tres personas atendieron la voz interior que les decía: "Detente y ayuda".

Rajón Begin, uno de ellos, iba para su casa a sacar a su hija a pasear, detuvo su vehículo y arriesgando su propia vida subió a la baranda del puente junto a Charles.

Con tacto y amor comenzó a darle apoyo, y estaba de tal modo aferrado a él en un espacio mínimo, que ambos hubieran caído del puente si Charles se hubiera arrojado al vacío.

Después llegaron dos personas que también colaboraron, hasta que el desesperado joven dejó de gritar: "Déjenme morir...déjenme morir".

Días después confesó: "Vi que sí hay quienes se interesan por los demás, y en esta segunda oportunidad nunca olvidaré que alguien arriesgó la vida por mí".

El tigre prisionero

*L*a fábula china del tigre prisionero es buena para aprender a sacrificar lo secundario por lo prioritario:

Se cuenta que un cazador excavó un gran hueco en la montaña e instaló una trampa para capturar animales. Estaba hecha de tal modo que estos quedaban atrapados si sus patas chocaban con la trampa. Pasado el tiempo un tigre cayó en la trampa y quedó fuertemente aprisionado.

El animal se movió y se sacudió, pero no lograba soltarse porque tenía cogida una de sus garras. Entonces entendió que tendría que perder una de sus garras si quería escapar. El tigre tiró con todas sus fuerzas y soportando un dolor agudo perdió una de sus garras y salvó la vida.

Todo lo contrario de lo que hacen tantos que por lo que no vale o importa menos, sacrifican lo que sí vale.

No juzgar

Cuenta una historia que cuatro personas entraron a un templo a orar y a adorar a Dios. Estaban allí prosternados cuando entró otro creyente y se quedó de pie mientras hacía su oración.

Entonces uno de los cuatro dijo indignado: "A esa persona le falta devoción porque no se prosterna para hacer sus plegarias".

"¡Cállate!" le dijo otro, "porque al hablar estás invalidando tu oración".

"¡Cállate tú también porque acabas de hacer lo mismo!," replicó el tercero.

Y el cuarto añadió: "¡Gracias a Dios yo no hablé como ustedes y Dios si va a escuchar mi oración!".

Después de leer esta historia conviene meditar en lo importante que es no vivir ocupado en lo que hacen los demás. Por estar tan pendientes de los otros con una curiosidad malsana, muchos yerran con el juicio y la condena: "Ven la pajita en el ojo ajeno sin ver la viga en el propio". Mateo 7,1-5.

La ostra y el pájaro

L a siguiente fábula china es bien oportuna para los que son máster... más tercos que una tapia.

Un día una ostra salió del agua y abrió su concha para tomar el sol. Entonces un martín pescador la vió y descendió. El pájaro llegó apresuradamente para picar la tierna carne del molusco.

La ostra cerró rápidamente sus conchas y aprisionó con fuerza el pico del ave. El martín pescador le dijo entonces a la ostra: "Si no llueve pronto, vas a morir por falta de agua".

Y la ostra le contestó: "Si no te suelto pronto, tú vas a morir de hambre".

Ninguno de los dos quiso ceder y así se quedaron durante largo tiempo, sin soltarse el uno al otro. Vino entonces un pescador que los observó y los capturó con gran facilidad.

Aprender a fracasar

*C*omo todos los triunfadores, Bill Marriott, creador de la gran cadena de Hoteles Marriott, fue también un buen perdedor.

Supo afrontar obstáculos, superó distintas crisis y convirtió derrotas en victorias. Cuando le preguntaban sobre el fracaso solía responder con estas palabras:

"¿Fracaso? Nunca lo hallé. Todo lo que encontré fueron tan sólo retrocesos temporales".

Todos necesitamos aprender a fracasar y para lograrlo el mejor aliado es un espíritu rico en valores y lleno de Dios. Así sabremos perseverar, como lo hizo Henry Ford quien fue a la quiebra cinco veces antes de triunfar realmente.

O insistiremos una y otra vez, como Walt Disney quien fue despedido de un periódico por falta de ideas, y después fue a la bancarrota varias veces. Ojalá derrotemos al desaliento con una fe viva, con buenas lecturas y con el ejemplo de seres animosos y entusiastas.

Eres una maravilla

*M*e encantan estas palabras del famoso violonchelista Pablo Casals:

"Cada segundo que vivimos es un momento nuevo y único en el universo. Un momento que nunca volverá a ser. ¿Y qué enseñamos a nuestros hijos? Les enseñamos que 2 y 2 son 4 y que París es la capital de Francia.

¿Cuándo les enseñaremos también lo que son? Ojalá les repitamos muchas veces 'eres una maravilla'. Eso es lo que eres, un milagro; eres, único. En los años que han pasado nunca ha habido otro niño como tú.

Eres especial por tu mente, tu corazón, tus pies, tus ágiles dedos y el modo como caminas. Puedes llegar a ser un Shakespeare, un Miguel Angel, un Beethoven. Tienes capacidad para cualquier cosa.

Y cuando crezcas, ¿podrás causarle daño a otro que es, como tú, una maravilla? Lo que debemos hacer es crear un mundo mejor, un mundo lleno de armonía".

Leyenda Arabe

*C*uenta la leyenda que cuando Dios creó el universo sólo había arena en el mar. No había arena en ninguna otra parte de la Tierra. Dios en su infinita sabiduría creó al hombre y le dijo que le daba una mente para buscar la verdad, un corazón para servir y un alma para amar. Pero algún día un ser humano tuvo el impulso de decir una mentira, pequeñita, pero era la primera de una inmensa red de engaños.

Dios, que lo sabe todo, se dió cuenta, reunió a sus criaturas y les dijo que no debían mentir y que por cada mentira que dijeran habría un grano de arena en la Tierra. Fue así como después de la primera mentira vino la segunda, y después la tercera, y la cuarta, y la quinta y la mentira invadió al mundo. Por cada mentira fueron apareciendo más y más granitos de arena, de modo que los jardines y los verdes campos se cubrieron de arena.

Los desiertos crecieron y como los hombres no han dejado de mentir, los mentirosos aún están a tiempo de parar antes de que la tierra se convierta en un inmenso desierto sin verde, sin flores, sin frescor y sin vida.

Desapego

$\mathcal{C}$uenta el padre jesuita Carlos Vallés una hermosa anécdota sobre el desapego que se vive en la India.

Dice que cierto día salió a caminar y vio adelante a una mujer pobre que iba a trabajar. De pronto, ella se detuvo y tomó en las manos una de las humildes sandalias que usaba. Trató de arreglarla pero estaba ya tan gastada que no pudo hacer nada.

Entonces la puso suavemente a un lado del camino y a su lado puso también la otra sandalia. Luego juntó sus manos en un gesto de saludo orante, bendijo las sandalias y siguió su camino descalza. En lugar de maldecir o renegar se desprendió de su pobre calzado con un gesto de profunda gratitud.

¡Qué lección! ¡Cuánta falta nos hace aprender a ser libres, sin una posesividad que encadena! El desapego es fuente de paz y alegría.

El cielo y el infierno

uenta la historia que un discípulo le preguntó a su sabio maestro en la China cómo eran el cielo y el infierno.

Y el maestro le dijo: "Mira, una noche vi en un sueño una inmensa cantidad de gente alrededor de un montón de arroz cocido. Cada uno tenía en sus manos unos palillos muchos más largos que lo habitual para saciar su hambre. Se veían flacos y tristes, ya que querían comer solos, pero no lo lograban debido a la longitud de los palillos. Y se morían de hambre ante tanta hartura, y ese era el infierno.

Vi también en otro sueño otra multitud de gente ante un montón de arroz y cada quien tenía también palillos muy largos. Como veían que no podían comer solos, cada cual alimentaba a su vecino y se veían fuertes y contentos. Y ese era el cielo, porque allí reinaba la solidaridad. ¿Ves? Acá mismo creamos el cielo con el amor o el infierno con el egoísmo".

El dilema que se nos propone es, pues, este: O Solitarios o Solidarios.

Curiosa historia

*A*lguien escribió una carta a un pequeño hotel donde pensaba ir de vacaciones, diciendo:

"Me gustaría mucho llevar a mi perro. Es aseado y educado. ¿Me permitirían tenerlo en el cuarto por las noches?".

Y ésta fué la respuesta del dueño del hotel: "He dirigido este hotel por muchos años. En todo ese tiempo jamás he visto a un perro que se robe las toallas, las sábanas, los cubiertos o los cuadros. Nunca he tenido que expulsar a un perro en medio de la noche por estar borracho y causar desorden.

Nunca he tenido un perro que provoque escándalos o que se vaya sin pagar la cuenta. Por supuesto, su perro es bienvenido a mi hotel. Y si su perro responde por usted, usted también es bienvenido".

La historia anterior es de los autores Karl Albretch y Ron Zenke. Y la moraleja queda a elección de los lectores.

Soñar y luchar

uenta una historia que un joven rico se desprendió de todos sus bienes, entró a un monasterio y se entregó a la oración, al ayuno y al sacrificio. Pasados los años sentía que todavía había una hoguera que no había sido capaz de apagar: se airaba con frecuencia. Reñía con un hermano que desentonaba en el coro, con otro porque hacía desorden y con uno más porque llegaba tarde a todas partes.

Un día fue donde el Abad y le dijo que en el monasterio no había encontrado la paz que buscaba, que estaba desengañado y que se iba al desierto a vivir solo. El Abad no estuvo de acuerdo pero el joven no le hizo caso, emprendió su camino con un cántaro y al llegar durmió feliz sobre la tibia arena.

Al despertar recitó sus salmos, oró y se fue con el cántaro a buscar agua. Cuando regresaba cantando tropezó y el agua se derramó. Tres veces volvió por agua y otras tantas veces tropezó y la perdió. Entonces se enfureció y de una patada rompió el cántaro. Luego se quedó pensativo volvió donde el Abad llorando y le dijo: "acéptame de nuevo. Ya sé que la causa de mi cólera no está en los hermanos, he aprendido que el enemigo está adentro; está aquí, y se golpeaba el pecho".

Fábula para impacientes

*L*a siguiente fábula del escritor chino Xue Tao es bien apropiada para las personas impacientes:

Un mandarín, a punto de asumir su primer puesto oficial, recibió la visita de un gran amigo que acudió a despedirse.

"Sobre todo, sé paciente", le recomendó su amigo, "y de ese modo no tendrás dificultades en tus funciones".

El mandarín dijo que no lo olvidaría y dio gracias por el consejo. Su amigo le repitió tres veces la misma recomendación, y cada vez, el futuro magistrado le prometió seguir su consejo.

Pero cuando por cuarta vez le hizo la misma advertencia, estalló y dijo:

"¿Crees que soy un imbécil? ¡Basta! ¡Ya van cuatro veces que me has repetido lo mismo!".

"Ya ves que no es fácil ser paciente", le contestó su amigo con calma. "Lo único que he hecho es repetir mi consejo dos veces más de lo conveniente y ya has montado en cólera".

El ladrón de pollos

*H*abía una vez un hombre que robaba cada día un pollo a sus vecinos y se quedaba tan tranquilo porque, según él, su conciencia no le reprochaba nada.

-Es malo robar, le advirtió alguien.

-Voy a enmendarme, prometió el ladrón de pollos. Robaré un pollo al mes, desde ahora; y ninguno desde el próximo año.

A los tres meses el ladrón murió, después de comerse un pollo que había robado y que estaba envenenado.

Esta es una historia que ojalá nos anime a no dejar para mañana las buenas obras que podemos y debemos hacer hoy.

HOY es el día para ese cambio positivo que aplazamos en lugar de comprometernos de una vez.

HOY es el mejor día para reconciliarse, para dialogar, para servir, para hacer el bien y compartir.

HOY es el mejor día para dejar de fumar, de beber, de drogarse o para liberarse de una relación dañina.

No te engañes diciendo: "Mañana cambiaré" porque no eres dueño del tiempo. ¡Cambia ya! ¡Aprovecha el presente!

Esperanza

*V*ale la pena meditar este mensaje positivo del escritor Ernesto Sábato:

"A pesar de mi sombría visión de la realidad, el sentido de la esperanza me levanta una y otra vez para luchar.

Todo el horror de los siglos en la difícil historia del hombre, no existe para cada niño que nace ni para cada joven que crece. Lo admirable es que el hombre siga luchando a pesar de todo y que, desilusionado o triste, cansado o enfermo, siga haciendo caminos. Que siga arando la tierra y hasta haciendo obras de arte y amando en medio de un mundo horrible y hostil.

Esto debería bastar para probarnos que el mundo tiene algún misterioso sentido. Y para convencernos de que, aunque mortales y perversos, los hombres podemos alcanzar de algún modo la grandeza y la eternidad.

Es necesario apoyarse en la esperanza ya que la esperanza es más perdurable que la angustia. Hay algo fuera de nuestra cárcel: un sentido de absoluto que le da sentido a nuestra vida".

El gato vegetariano

*L*a siguiente es la fábula del gato vegetariano:

Para poder atrapar más ratones, un gato se colgó del cuello una sarta de rosarios como las que usan los monjes vegetarianos.

Los ratones se pusieron muy contentos al verlo, creyeron que había dejado de comer carne y fueron en grupo a felicitarlo. El gato, muy contento, los recibió y al ver que habían caído en el engaño atrapó a varios mientras otros lograron huir.

Una vez a salvo, los ratones se asomaron desde la madriguera y le dijeron en coro al gato:

"Parece mentira, pero este gato se ha hecho más feroz que antes, ahora que es vegetariano".

Hasta aquí la fábula que ojalá sirva para meditar en los errores que cometemos cuando "tenemos ojos y no vemos, oídos y no oímos y cuando tenemos mente y no pensamos". Mateo 13,13-15.

Por ahí leí un grafito que dice: "Vendo cerebro sin estrenar", que ironiza sobre lo poco que razona un animal racional llamado hombre.
¿Cuantos minutos dedicas cada día a la reflexión?

La mejor estrategia es
la de Jesucristo:
La estrategia de la comprensión.
Carlo Dossi

Con dos miradas ganas comprensión:
Mírate a ti mismo con humildad,
mira a los demás con amor.
G. Gallo.

La esperanza es como el Sol:
Arroja todas las sombras detrás.

Samuel Smiles

Todo llega a quien sabe esperar.

Longfellow.

El ramo de flores

*L*a siguiente es una conmovedora historia que cuenta el escritor Bennet Cerf:

Un autobus iba saltando por una carretera de poco tráfico y en uno de los asientos iba un hombre viejo con un hermoso ramo de flores en sus manos. En el asiento del otro lado iba una joven cuyos ojos miraban una y otra vez las flores frescas.

Llegado el momento de bajarse, el viejo, impulsivamente, colocó las flores sobre el regazo de la chica y le dijo:

"Veo que te gustan las flores. Creo que a mi esposa le agradaría que tú te quedaras con ellas. Con mucho gusto te las regalo y luego le contaré a mi esposa que te las di en su nombre".

La muchacha aceptó las flores con una alegre sonrisa y cuando el bus partió, miró al lado y se llevó esta sorpresa:

El buen hombre que le había dado las flores y se había bajado, atravesaba la verja de un pequeño cementerio.

Fábula china

Cuenta una fábula china que a un hombre que vivía en la montaña, un gato salvaje le robó un pollo.

Los miembros de la familia lo persiguieron de inmediato, pero no pudieron atraparlo. Pusieron, entonces, una trampa y, tal como lo esperaban, el felino cayó en ella a los pocos días.

No obstante siguió aferrado al nuevo pollo que acababa de coger, en lugar de soltarlo y buscar un escape. Llegaron los de la casa y lo golpearon con fuerza para sacárselo de las fauces, pero el gato salvaje no soltó su presa. Al contrario, la mantuvo agarrada hasta después de muerto.

La moraleja de esta fábula es para los que sacrifican lo que vale más por lo que vale menos. Parece absurdo, pero muchos por lo material sacrifican paz, salud, hogar y hasta la propia vida. Es de locos... pero así es.

Conviene recordar que las cosas más importantes de la vida, no son cosas.

La Estrella de plata

*H*ace mucho tiempo existió una posada llamada "La Estrella de plata", cada día con menos clientela.

El dueño había hecho lo mejor que podía por tenerla bien y satisfacer a los clientes y, al fin, fue a consultar a un sabio. Este, después de escuchar sus lamentos le dijo que lo único que debía hacer era cambiar el nombre de la posada.

El sabio lo convenció y le dijo que la bautizara "Las cinco campanas" y colocara seis campanas encima del letrero.

-¿Seis campanas? Eso es absurdo, le dijo el posadero.

- Inténtalo y verás el resultado, respondió el sabio sonriendo.

Así lo hizo el posadero y sucedió que la gente que pasaba por el lugar entraba para advertir acerca del error. Una vez adentro quedaban impresionados por la cordialidad y el buen servicio y la posada permanecía llena.

Pocas cosas satisfacen más a nuestro ego que corregir los errores de los demás.

El joyero sensato

ice una historia árabe de la tradición sufi que un hombre bastante descuidado fue donde un amigo joyero y le dijo:

- Quisiera pesar este oro. Por favor, préstame tu balanza.

- Lo siento de veras, pero no tengo pala, respondió el joyero.

- No, no, dijo el hombre. ¡Te pido una balanza!

- No hay escoba en este almacén, replicó el joyero.

- ¿Estás sordo?, dijo el hombre. ¡Te pido una balanza!

- Y el joyero respondió: He oído muy bien y no estoy sordo. Te probaré que mis respuestas no están desprovistas de sentido. Veo bien que careces de experiencia y eres descuidado. Sé que al pesar tu oro vas a dejar caer partículas al suelo y entonces me dirás: ¿Puedes prestarme una escoba para recuperar mi oro? Y cuando lo hayas barrido me preguntarás si tengo una pala. Yo veo las cosas desde el principio.

Acude, pues, donde otra persona y ten presente que la persona sensata aprende de la experiencia y en los actos de valor va lento con las tortugas en lugar de correr con las liebres.

Hasta aquí la historia que lo invita a uno a aplicarles a los descuidados la misma frase que se les endilga a los perezosos: La desidia lo lleva a uno a trabajar doble.

Historia para los inconformes

*L*a historia china de la vendedora de vino es excelente para las personas quejumbrosas e inconformes.

Se cuenta que cerca a la montaña Hefu vivía una mujer que vendía vino, llamada la madre Wang. Entre sus clientes tenía un monje bueno que bebía a crédito y a quien ella atendía sin pensar en la cuenta.

Un día el monje le dijo que para pagar el vino que había bebido le iba a cavar un pozo ya que no tenía dinero. Cuando hubo terminado se fue y todos se dieron cuenta de que en lugar de agua había un excelente vino.

La madre Wang no tuvo que volver a fabricar vino, y con los años se hizo rica. Un día el monje regresó y la mujer le dijo:

- El vino que saco es muy bueno pero como ya no hago vino no tengo cáscaras para mis cerdos.

El monje sonrió, tomó un pincel y escribió en la pared: "El corazón humano es más profundo que el mar. A la mujer le sobra vino y se queja porque no tiene cáscaras para sus cerdos".

El monje se fue, y del pozo sólo salió agua.

¿Buena o mala suerte?

A la granja de un viejo agricultor llegó un caballo salvaje, y cuando sus vecinos lo felicitaron por su buena suerte, él dijo: "Quién sabe..."

Tiempo después, cuando ya lo habían domesticado, se escapó y entonces le dijeron: "¡Que mala suerte!". Y el respondió: "Quien sabe..."

Semanas más tarde el caballo regresó trayendo detrás toda una manada de caballos salvajes.

Los vecinos corrieron a alegrarse con el anciano granjero por su buena suerte, y el sólo dijo: "Quien sabe..."

El único hijo del granjero se dedicó a domesticar los caballos salvajes y uno de éstos le rompió una pierna.

"¡Qué mala suerte!", dijeron los vecinos porque el anciano quedó con todo el trabajo, pero él contestó: "Quien sabe..."

En esos días se declaró una guerra y todos los jóvenes fueron llamados al ejército.

Pero el hijo de nuestro hombre pudo quedarse con su padre debido a la pierna fracturada.

Moraleja: la buena y la mala suerte dependen de cómo vemos las cosas y no de la realidad en sí misma.

Los dos monjes

*E*n su libro *El Canto del Pájaro*, Anthony de Mello trae esta historia: De camino hacia su monasterio, dos monjes budistas se encontraron con una mujer bellísima a la orilla de un río.

Al igual que ellos, la mujer quería cruzar el ancho río pero éste bajaba demasiado crecido, de modo que uno de los monjes se la echó a la espalda y la pasó a la otra orilla.

El otro monje quedó absolutamente escandalizado y por espacio de dos horas censuró la actitud del otro.

¿Cómo se había atrevido a tocar a una mujer y transportarla a la otra orilla del río? ¿Cómo había olvidado que era un monje? ¿Por qué había violado las reglas, desacreditando la religión? ¿Qué diría la gente?

El acusado escuchó pacientemente el interminable sermón y al final estalló y le dijo al otro: "Mira, hermano, yo dejé a aquella mujer en la orilla del río. Tú, por el contrario, todavía la estás cargando".

La ratoncita enamorada

Cuéntase que un santo hombre halló una ratoncita recién nacida y compadecido pidió a Dios que la convirtiera en una doncella.

Dios oyó sus ruegos, el santo hombre la llevó donde su mujer y la criaron con inmenso cariño. Ya grande dijo que quería casarse con el ser más fuerte y poderoso. El santo hombre le dijo que ese era el sol y fueron donde él.

El sol dijo que aunque quisiera casarse había alguien con más poder y era la nube que lo cubría y ocultaba su luz.

Fueron donde la nube pero ésta afirmó que el viento era más poderoso ya que la llevaba donde él quisiera.

Ya donde el viento éste dijo que la montaña era más poderosa porque detenía su marcha y no podía moverla.

La montaña a su vez, dijo que los ratones que la horadaban eran más fuertes y ella no podía hacerles resistencia.

Entonces la doncella dijo que elegía al ratón. Le pidieron a Dios que la convirtiera en una ratoncita y así, llevada por su esencia, se casó con el ratón, aunque pudo casarse con el sol, la nube, el viento o la montaña.

Los amigos del rey

$\mathcal{U}$n rey tenía dos amigos que resultaron ser culpables de un crimen y fueron condenados a muerte. A pesar de que los amaba, el rey no se atrevió a concederles el indulto para no dar un mal ejemplo.

Decidió, entonces, que se tendiera una cuerda de un lado a otro sobre un profundo abismo. Cada uno de ellos debía pasar por ella. Aquel que lo lograra quedaría libre y quien cayera encontraría la muerte.

El primero de los dos consiguió atravesar y el otro le preguntó desde el otro lado:
"¡Amigo! ¿dime cómo lo has hecho?".

Y el primero respondió:
"¿Y cómo voy a saberlo? Sólo sé dos cosas: la primera que tenía que llegar fuera como fuera y la segunda que cuando me escoraba para un lado, buscaba inclinarme para el lado contrario".

Hasta acá la historia que bien merece los versos de Antonio Machado: "Se hace camino al andar". Y algo mas: cuando la vida está en juego lo damos todo.

Somos aprendices

*U*n célebre médico vienés decía a sus alumnos que para ser cirujano se requerían dos cualidades: no sentir náuseas y tener una buena capacidad de observación.

Para hacer una demostración introdujo uno de sus dedos en un líquido nauseabundo, se lo llevó a la boca y lo chupó. Luego pidió a sus alumnos que hicieran lo mismo, y ellos, armandose de valor, le obedecieron sin vacilar.

Entonces, sonriendo astutamente dijo el cirujano: "De verdad los felicito por la primera prueba en relación con las náuseas. Pero no aprobaron la segunda, ya que ninguno se dio cuenta de que el dedo que yo me chupé no fue el mismo que introduje en el líquido".

Podemos estar seguros de que esta experiencia grabó para siempre en los alumnos la necesidad de observar bien. Y es que en tantas cosas nos creemos maestros cuando somos simples aprendices. Como dice un refrán: "Del dicho al hecho hay mucho trecho".

2 Historias para saber ver

*U*n anciano rabino se había quedado ciego y no podía leer ni ver los rostros de quienes acudían a visitarlo.

Un día le dijo un taumaturgo: "Confíate a mi y yo te curaré de tu ceguera".

"No me hace ninguna falta", respondió el rabino. "Puedo ver todo lo que necesito".

Hasta aquí la historia y este es el comentario:

No todos los que tienen los ojos cerrados están dormidos. No todos los que tienen los ojos abiertos saben ver. Por eso se cuenta que un amigo fue a visitar al célebre pintor El Greco, en Toledo, y lo encontró sentado en su cuarto con las cortinas cerradas.

"¿Por qué no sales a tomar el sol?", le preguntó.

Y el famoso pintor greco-español le respondió:

"Ahora no. No quiero perturbar la clara luz que brilla en mi interior".

¿Acaso hemos entendido lo que Jesús vino a enseñarnos cuando proclamó: "El Reino de Dios esta dentro de vosotros?".

El rey y el esclavo

$\mathcal{U}$n rey se hizo a la mar y al poco rato se desató una gran tormenta. Entonces uno de los esclavos comenzó a llorar y a gemir de miedo. Su llanto era tan insistente y prolongado que toda la tripulación estaba irritada y molesta. El mismo rey iba a matar al esclavo arrojándolo por la borda, pero su sabio consejero le dijo que le permitiera ocuparse del caso.

Así lo hizo y ordenó que arrojaran al hombre al mar pero agarrado a una cuerda. Cuando el esclavo se vio en el agua, el terror se reflejó en sus gestos y se agitó frenéticamente en medio del llanto. Al rato el sabio pidió que lo subieran a bordo.

Una vez en cubierta el esclavo se tendió tranquilo en un rincón, en absoluto silencio. Y el sabio dijo esto al rey, cuando éste quiso saber la causa de semejante cambio de actitud:

"Majestad, los seres humanos somos inconformes y nos quejamos más de la cuenta. Por eso sólo nos damos cuenta de lo afortunados que somos cuando nuestra situación empeora".

Jesús en el estadio

Jesucristo volvió a la tierra, y entre tantos lugares que visitó fue llevado a un estadio de fútbol. Allí habían preparado un partido entre católicos y cristianos y las graderías estaban llenas.

Comenzó el partido y, en medio de un juego emocionante, los cristianos marcaron el primer gol. Por supuesto lo celebraron a rabiar y Jesucristo también lo hizo con marcado entusiasmo.

En el segundo tiempo, antes de acabar el partido, los católicos lograron empatar y festejaron su gol.

De nuevo Jesucristo se emocionó, y también celebró esa anotación al igual que lo había hecho con la anterior. Alguien que estaba detrás mostró su desconcierto y le preguntó al Maestro: "Bueno, usted ¿con quién está?".

Y la respuesta de Jesucristo no se hizo esperar: "Sencillamente disfruto del juego y estoy con el buen fútbol".

Los seres tolerantes no conocen fronteras para valorar todo lo bueno.

Querer es poder

En Escocia una gran águila descendió y se llevó a un bebé a su nido, que estaba en un risco. Los escaladores más avezados del pueblo intentaron trepar por la escarpada pared, pero no tuvieron más remedio que desistir.

Entonces la madre, de constitución frágil, comenzó a subir por el empinado y riesgoso precipicio. Trepó hasta la cumbre, mientras los vecinos del pueblo la miraban sobrecogidos por el miedo. La mamá llegó hasta el nido, tomó a su hijo y después, algo más asombroso aún, descendió con él en sus brazos.

Al igual que éste se conocen muchos casos en los que otras personas han realizado proezas que se creían imposibles. Sencillamente se vieron impulsados por la energía interior que todos tenemos, guardada o frenada por las dudas y los complejos.

Somos capaces de grandes cosas pero nuestros logros son pobres porque pobres son nuestros deseos y más pobre aún nuestra fe. Mejoremos nuestra confianza y veremos maravillas.

Martin Luther King

En Atlanta nació y fué enterrado Martin Luther King, uno de los más grandes líderes que han iluminado nuestro planeta.

Dio la vida por sus ideales de hermandad, justicia y libertad. Fue un creyente convencido y un ser que sólo vivió para amar y servir.

En su último discurso, antes de ser asesinado en 1968, él dijo como quería ser recordado al morir:

"Yo quiero que en mi funeral se diga que siempre traté de servir a los demás. Que se diga que Martin Luther King trató de amar a todas las personas. Quiero que se diga que durante mi vida busqué alimentar al hambriento y vestir al desnudo. Quiero que en ese día se diga que traté de visitar a los que estaban en prisión y que traté de amar y servir a la humanidad".

Y así fue. Luther King aprobó con creces el examen del amor del evangelio que fué su norma de vida (Mateo 25, 31-46).

Por eso la muerte fué para él una liberación tal como se lee en su tumba: "Libre al fin, libre al fin. Gracias Dios omnipotente, soy libre al fin".

¿Sugestión o aparición?

Una mujer agonizante amenazó a su esposo de que en caso de morir vendría a hacerle la vida imposible si se unía a otra.

Murió ella, él se enamoró, y una noche se horrorizó al comprobar que el espíritu de su esposa le reprochaba su actuación.

Aquello se repitió noche tras noche hasta que el hombre, fatigado, fue a consultar a un sabio maestro, el cual le preguntó:

"¿Qué te hace pensar que es de verdad un espíritu?".

"El hecho de que es capaz de describir hasta el detalle todo lo que he podido pensar, decir o hacer".

El sabio le dio una bolsa con granos de soya, bien sellada, y le dijo que preguntara al espíritu cuántos granos contenía. Nuestro hombre obró así y el espíritu no volvió.

Y el maestro le dijo después: "¿No te parece extraño que tu famoso espíritu sólo sabía lo que tú sabías?".

La sugestión es hasta tal grado activa que existe el embarazo sicológico, tan palpable como uno real. La sugestión es tan poderosa que nos hace experimentar como real lo que sólo está en la imaginación.

Historia del relojero

*P*ara librarse de la adicción al licor, los alcohólicos se aferran a Dios, se apoyan en un grupo y se comprometen a estar sobrios sólo por 24 horas.

Su compromiso está esculpido en la sabia máxima: ¡Sólo por hoy! que les impide angustiarse con una eternidad por delante. Así, paso a paso, agradecen a diario el milagro de renacer y comprobar que es paso a paso como se hace un largo viaje.

Y esto recuerda la historia del relojero que oyó cómo el péndulo que iba a poner en el reloj hablaba y le decía:

"No, por favor, no lo hagas. Sé bueno conmigo e imagínate la infinidad de veces que voy a tener que hacer tic-tac. Un montón de veces cada minuto, en 60 minutos de cada hora, las 24 horas del día, los 365 días del año, un año tras otro. ¡Huy, No quiero ni pensarlo!".

Pero el relojero le dijo: "No te preocupes por el futuro. Limítate a hacer un tic-tac cada vez y te sentirás feliz amando lo que haces".

Y eso fue exactamente lo que el péndulo decidió hacer. Y todavía hoy sigue haciendo tic-tac, paso a paso.

El cuervo y la perdiz

Cuenta una historia india que una vez un cuervo vio caminar a una perdiz y quedó fascinado con su paso. Quiso entonces aprenderlo, movido por la envidia, y se puso a practicar día y noche por un largo tiempo.

Todo fue en vano, ya que por ningún medio fue capaz siquiera de imitar el caminado de la perdiz, que le parecía más atrayente que el suyo. El hecho fue que acabó renunciando a su propósito para volver a su paso habitual. Pero se encontró con una terrible sorpresa: en el intento había olvidado su propio paso.

Y así, no logrando lo que envidiaba ni conservando lo que tenía, lleno de perplejidad y confusión, se convirtió en el ave de caminar más torpe.

Historia que a todos nos sirve para acallar las voces de sirena de la envidia y el inconformismo. Bien decía en la antigua Grecia el escritor Fedro: "Quién ansía con envidia lo de otro, pierde con justicia lo propio".

Una buena lección

*A*quí va una historia para ambiciosos, que se le atribuye al rey francés Luis XIV, con uno de sus cortesanos dominado por la codicia.

Un día, como al descuido, el rey le preguntó a dicho cortesano:
- ¿Sabe usted español? No, Majestad, pero...
- Cuanto lo siento, porque...
Y de inmediato el rey habló de otra cosa para dejar su observación en la mayor incógnita.

El cortesano pensó que el soberano tenía intenciones de nombrarlo embajador en España y se consagró a estudiar español. Y pasados los meses, cuando ya lo hablaba, fue y le dijo al rey:

- Majestad mucho me satisface darle una buena noticia: ya aprendí el español.

- ¿Lo suficiente para entender a los españoles?
- Sí, Majestad, se lo aseguro.

- ¿Y para comprender bien lo que ellos escriben? Sí, señor, respondió, con una expresión de codicia.

- Pues quiero darle un buen consejo: lea El Quijote en su versión original. Es un magnífico libro. El rey dio media vuelta ante la sorpresa del ambicioso cortesano.

El león y la liebre

Cuéntase que en una tierra donde abundaban el pasto y el agua, vivía un león que causaba pavor a todos los animales por su fiereza. Un día los animales decidieron hacer un pacto con el temible león y enviarle a la hora del almuerzo un animal para su sustento, con tal de que los dejara en paz.

El león aceptó y todo marchaba bien hasta un día en que le tocó el fatídico turno a la liebre. La liebre dijo que tenía un medio para librarlos a todos del león y se fue despacio, retardando así el almuerzo del rey de la selva. Cuando el león se puso a caminar, lleno de hambre y de ira, vio a la liebre y ésta dijo que venía como mensajera de los animales. Agregó que otro león se había comido a la bestia enviada, aunque ella le había dicho que era el almuerzo del rey y que no lo irritara.

Se fue el león con la liebre, llegaron a un pozo profundo de aguas claras y al asomarse allí dijo la liebre: "Aquí estoy con el rey".

El león sin dudar de las palabras de la liebre miró y se lanzó al pozo a luchar con él y se ahogó. Entonces la liebre se fue y mostró a los animales lo que se podía lograr aplicando el ingenio.

El mono y las lentejas

*C*uenta la historia que un hombre iba de camino con un pesado saco de lentejas. Buscando descanso y cobijo, se adentró en un bosque, descargó el bulto, se acostó al pie de un árbol y se quedó dormido.

Un mono que estaba en el árbol bajó, tomó un buen puñado de lentejas y volvió a subir al árbol. Cuando subía se le cayó una lenteja y, en su afán de rescatarla, se le cayeron todas las que tenía y despertó al viajero.

Historia bien apropiada para los codiciosos y los irreflexivos que suelen identificarse y acaban por perderlo todo y perderse a sí mismos.

Dios nos regaló una mente prodigiosa pero nos morimos casi sin usarla, seducidos por lo externo y lo superficial. Para no actuar como monos ojalá practiquemos lo que decía Marco Aurelio: "No hagas nada sin reflexión y sin la guía del corazón".

Sé uno de aquellos que tienen el hábito diario de reflexionar y meditar. "Busca dentro de ti porque allí llevas la luz de los secretos". Amado Nervo.

El monje y la vaca

Se cuenta que a un monje le obsequiaron una vaca, y cuando iba con ella por un camino lo vio un ladrón que se propuso robársela.

Acompañaba al ladrón un diablo en forma de hombre que se dio cuenta de las intenciones del pillo y también quería quedarse con la vaca.

Ambos siguieron al monje hasta la casa a la que iba y llegaron allá bien entrada la noche.

El ladrón quiso anticiparse al diablo, temiendo que si aquel empezaba, el monje despertaría, habría alarma y los vecinos acudirían a prestar auxilio, frustrándose así el robo. Le dijo, entonces al diablo que le permitiera actuar primero y que ambos después compartirían lo robado.

El diablo, por su parte, se hacía las mismas reflexiones y le dijo al ladrón que él iba a probar de primero. Discutieron y como ninguno quiso ceder el ladrón gritó: "Despiértate buen hombre que el diablo quiere robarte".

También gritó el diablo: "Despierta, oh monje, que el ladrón se va a llevar tu vaca". Las voces alertaron al monje y a los vecinos y los dos malhechores tuvieron que escapar desengañados.

Super - EGO

A continuación van dos historias para desinflar el ego de los que se creen mucho y destilan orgullo por cada poro:

Se cuenta de un director de orquesta y compositor que ensayaba una de sus obras con un solista y una sinfónica.

En cierto momento se dirigió a los miembros de la orquesta diciéndoles: "Ahora ustedes, los músicos".

- Perdón, maestro, le interrumpió uno, nosotros somos profesores.

- Ah, es cierto, no me acordaba. Ustedes son profesores, músicos eran Bach o Beethoven.

Se cuenta también de un noble francés muy soberbio, quien cierto día afirmó que quería ser enterrado con hábito de franciscano.

Y un amigo que estaba al lado y que vivía hastiado de las ínfulas del otro, le dijo enseguida:

- Excelente, has pensado de la mejor manera, ya que sólo con un buen disfraz podrías entrar al paraíso.

"El hombre superior es digno, pero no orgulloso. El hombre inferior es orgulloso, pero no digno". Confucio.

Pobres ricos

*H*ay una anécdota bien curiosa en relación con Luis XIII, rey de Francia. Era un monarca aburrido.

Como tantos que por tenerlo todo carecen de ánimo vital, nuestro rey vivía oprimido por el tedio, se aburría y aburría a los demás.

Hasta tal extremo llegaba su desmotivación que cuando su abulia era mayor de la acostumbrada hacía lo siguiente: salía de sus habitaciones, recorría el palacio y cuando encontraba un cortesano lo llevaba junto a una ventana y le decía: "Aburrámonos juntos".

También se cuenta lo siguiente del orgulloso rey Luis XIV que aburría a todos con su absolutismo y su hambre de adulación: en cierta ocasión le leyó al escritor Boileau unos versos que había escrito y le pidió su opinión.

"Señor", respondió con delicadeza el gran poeta. "Para Vuestra Majestad no hay nada imposible: os habéis propuesto escribir malos versos y lo habéis conseguido a la perfección". Así el escritor mostró su ingenio sin necesidad de adular al rey.

El que ha perdido la fe
ya no tiene nada más que perder.

Publio Siro.

Entusiasmo es servir
con fuego en el corazón:
Con Dios adentro.

G. Gallo

Apariencias

*L*os que son amigos de creerse más de lo que son y vuelan en el espacio nebuloso de las lisonjas y la vanagloria, están bien retratados en este cuento paisa:

Dos tenderos se ganaron una lotería y como nuevos ricos decidieron poner juntos un gran negocio con los apellidos de ambos: Pulgarín y Tangarife.

Les fue muy bien y, pasado el tiempo, uno de ellos dijo que quería buscar un apellido acorde con su nueva posición. Así lo hizo y de ahí en adelante el negocio se llamó: Tangarife y Echavarría.

Más tarde el otro socio dijo que él no podía ser menos y que también se iba a cambiar de apellido. Fue así como el negocio cambió de razón social y de ahí en adelante se llamó Echavarría y Echavarría.

Lo bueno del cuento es que cuando alguien llamaba y preguntaba por uno de los Echavarría propietarios, la recepcionista respondía: "Con mucho gusto, pero dígame a cual Echavarría quiere que le pase, ¿a Tangarife o a Pulgarín?".

Para los criticones

*U*na de las anécdotas más simpáticas del compositor Giuseppe Verdi tiene que ver con los críticos, de quienes tenía muy mal concepto.

Se cuenta que antes del estreno de *El Trovador*, Verdi se encontró con un crítico supernegativo quien le dijo: "Me he enterado que pronto estrenará una ópera y quisiera que interpretara algo de esta obra".

"Por supuesto", dijo Verdi, se sentó al piano y tocó un trozo de su obra.

El crítico afirmó que no era de su completo agrado. Entonces el compositor interpretó un segundo aparte de la ópera que tampco agradó a nuestro crítico.

Verdi probó una vez más con otra parte y el crítico tampoco quedó satisfecho. El músico se levantó eufórico y con un abrazo le dijo:

"Cuánto me alegro, amigo mío. Muchas gracias".

"¿Se alegra y me da las gracias..., pero por qué?".

"Compongo música para el público", dijo Verdi, "no para los críticos negativos. Ahora, después de sus juicios, estoy seguro de que El Trovador tendrá un éxito total". Y así fue.

Verdad y mentira

Sobre la verdad y la mentira, que tantos relativizan, hay una buena anécdota del escritor francés Honorato de Balzac, quien sorprendió a su ama de llaves en un engaño y le dijo:

- Si quieres indisponerte con tu prójimo, sigue mintiendo.

- ¿Y cuando vienen a cobrar facturas, usted está encerrado escribiendo, y yo les digo que no se encuentra?

- Es distinto. Los que vienen a cobrar no son nuestros "prójimos" sino todo lo contrario.

Anécdota que se puede unir a otra de Cristina de Suecia quien reinó en su país hasta el año 1654 y brilló por su recia personalidad. Estaba ella un día admirando en Roma una estatua de los museos del Vaticano, y un cardenal que la acompañaba le dijo:

- Majestad, es una estatua de la verdad, esculpida por Bernini.

- Me parece admirable, asintió la reina.

- La felicito, señora, no todos los soberanos saben admirar la verdad.

- Y no todas las verdades son como ésta, de mármol, agregó ella.

El cargamento de oro

*D*esapego y generosidad son dos virtudes que siempre distinguieron al emperador Alejandro Magno, educado por Aristóteles.

Cuenta el historiador Plutarco que en cierta ocasión un emisario conducía al palacio de Alejandro un mulo con un cargamento de oro.

Era tanto el oro que llevaba el mulo, que no pudo con el peso y se desplomó. Entonces el emisario cargó el oro sobre sus hombros.

Y así, despacio, agotado y con inmensas dificultades sustituyó al mulo y logró llegar al palacio.

Cuando Alejandro lo vio aparecer, y notó que estaba exhausto, le preguntó:
- ¿Serías capaz de llevar ese oro un poco más lejos?
- Por ti, Alejandro, soy capaz de todo.
- Púes si lo llevas a tu casa es tuyo, le dijo el emperador.

No dice la historia qué sucedió después, pero es lógico suponerlo, ya que todo el que tiene un buen "por qué" encuentra el "cómo".

Y lo que nos conviene meditar a todos, es cuán grata se hace la vida cuando es la generosidad y no la codicia la que nos guía.

No pudo envenenarse

*M*itrídates fue un rey del Ponto que murió en el año 63 a. C. y fue un gran enemigo de los romanos. Es famoso por el temor que siempre tuvo a morir envenenado.

Su historia es un claro espejo de cómo el poder y el dinero no compran nada realmente valioso, ni siquiera la muerte. Mitrídates no se contentaba con obligar a un servidor a que probara los alimentos antes que él para estar bien seguro.

Se dedicó además a estudiar todos los venenos conocidos y a buscar antídotos y amuletos para los mismos. Empleó toda clase de objetos exóticos como dientes de tiburón, cuerno de unicornio, y piedras como el jaspe y el ágata. Y algo peor: hizo que los venenos y los posibles remedios fueran empleados en condenados a muerte. Además se dedicó a tomar venenos en pequeñas dosis que iba aumentando poco a poco, con la ilusión de volverse inmune.

Lo más irónico es que al ser derrotado en una batalla quiso envenenarse y no lo logró. Pidió entonces a un esclavo que lo matara y así murió.

Un buen negocio

Un buen negocio es cambiar quejas por acciones de gracias. Y un medio para lograrlo es leer la historia en clave positiva recordando a cuales personas debemos los inventos y los avances:

- El sandwich. John Montagu, cuarto conde de Sandwich en Inglaterra, vivía tan obsesionado por el juego que no se levantaba ni para comer. Su cocinero le sirvió un día un filete de buey en medio de un pan. La idea surgió, al parecer, en 1762. Gustó tanto que fue adoptada primero por la nobleza y luego se popularizó.

- El Pullman. George Pullman era un ebanista de Nueva York que viajaba mucho. Tuvo la idea de llevar confort al transporte de trenes con un vagón restaurante y camas plegables.

El primer vagón Pullman circuló en 1859. Luego se creó una gran empresa que dio origen a la ciudad llamada Pullman city, anexada hoy a Chicago.

- El Saxofón. Adolfo Sax, nació en Bélgica y fue hijo de Carlos José Sax, un fabricante de instrumentos musicales.

En 1845 se instaló en París y patentó el instrumento que nació de la modificación de otros ya conocidos y se popularizó con su nombre. El mismo dirigió la primera cátedra de saxofón en el conservatorio de París. Músicos como Berlioz lo apoyaron porque, como es natural, no faltaron las críticas de muchos.

Volta y las pilas

*C*uando compre una pila y la use, es bueno que recuerde esta interesante historia: es un invento que le debemos al físico italiano Alejandro Volta, nacido en la ciudad de Como, en 1745.

De niño lo tomaron por retardado y creían que era mudo y subnormal. Sólo articuló palabras hacia los siete años de edad. Luego se soltó, y poco a poco sorprendió a todos por su viveza. Tanto que su padre llegó a exclamar: "¡Tenía en casa un diamante y no lo sabía!".

Consagrado a sus experimentos eléctricos concibió la pila en 1799 empleando zinc, plata y fieltros embebidos en ácido. Volta soportó las críticas de profesores envidiosos que lo criticaban por ser un empírico. Nunca le daba importancia y decía que con sus inventos le tapaba la boca a los envidiosos.

Napoleón admiró al inventor, le dio apoyo e, incluso, lo nombró senador y le concedió una pensión. Volta era un ser humilde a pesar de haber alcanzado en su tiempo una fama mundial. Creyó que su invento sería una moda pasajera. Nunca imaginó que tendría la importancia que aún sigue teniendo.

Elogiar y estimular

*O*jalá que las dos anécdotas siguientes nos animen a estimular y elogiar constantemente. Así fumigamos el zancudo de la envidia.

El papá de Franz Liszt, que era músico, buscó al famoso pianista Czerny para que fuera el profesor de su hijo. Czerny puso al pequeño ante el piano y le dijo: "Toca lo que quieras".

Con gran asombro escuchó como el niño tocaba maravillosamente una sonata de Beethoven: la sonata en la bemol. Entusiasmado exclamó: "Tú serás, indudablemente un pianista más grande que todos nosotros".

Se cuenta también que el compositor Donizetti llegó a Bolonia a dirigir un concierto. Allí se reunió con varios amigos entre quienes estaba el maestro Rossini, y les dijo:

"Hace días escuché en Milán una obra nueva de un joven compositor. Os aseguro que en esta ópera tenemos la promesa de un gran maestro".

Durante toda la charla estuvo elogiando la obra y no cesaba de repetir: "¡Bellísima, os aseguro que es algo maravilloso!". Donizetti estaba admirando nada menos que la genial opera Nabucco de Giuseppe Verdi, que había escuchado en La Scala de Milán.

¿Cuál año 2000?

*S*uponiendo que el mundo se acaba en el año 2000, como pronostican los profetas de mal agüero, la pregunta es: ¿En cuál año 2000?

¿Según el calendario cristiano? ¿Según el judío, el musulmán, el griego, el copto o el maronita? ¿Según el calendario de los indígenas americanos o el de alguna tribu africana?

Se sabe que nuestro calendario está desfasado en 3 o 4 años, ya que el monje que lo hizo en el siglo IV, llamado Dionisio el exiguo, falló en los cálculos. Lo que significa que el año 2000 será en el año 2003 ó en el 2004, si nos aferramos al calendario cristiano.

Pero según el calendario judío el año 2000 pasó hace siglos, ya que nuestro año 2000 será para ellos el año 5421. Y para los musulmanes, que se guían por la Hégira, las fechas son bien diferentes: El 2000 será sólo el año 1421.

Cada pueblo tiene su manera de contar el tiempo y, en lugar de asustarnos con un fin catastrófico del mundo, debemos concentrarnos en vivir bien la vida y creer en un Dios de amor.

Yo sueño con la llegada de nuestro año 2000 para dar gracias ante el nuevo milenio. Entonces quedarán frustradas las profecías apocalípticas de los pesimistas y los fanáticos religiosos.

El grillo y el puma

*E*l valor de lo pequeño está bien reflejado en el cuento del grillo y el puma. Cuento de indios Aymaras.

Un día se encontraron el grillo y el puma en el bosque y comenzaron a hablar de lo que ambos podían hacer.

El puma dijo que era el rey de los animales de cuatro patas y el grillo afirmó que él era el rey de los insectos.

- Eres un rey débil y pequeño, dijo el puma. Vales tan poco que con un solo zarpazo te puedo hacer desaparecer.

- Si te crees tan fuerte, dijo el grillo, hagamos un trato: trae mañana a tu ejército para que se enfrente con el mío y veremos quien es más fuerte.

Al día siguiente se presentó el puma con una inmensa cantidad de leopardos, jaguares, osos, tigrillos, jabalíes, lobos, perros, vacas, ovejas, vicuñas y muchos más.

- ¿Dónde está tu ejército? rugió el puma. Y el grillo respondió: voy a dar la señal y ya verás donde está al iniciar la batalla.

Se inició el combate y era tal el numero de avispas, abejas, zancudos,tábanos y otros insectos, que formaron una nube espesa, mientras atacaban con sus aguijones a los animales en tierra.

Su ataque fue tan terrible que los amigos del puma tuvieron que rendirse llenos de hinchazones y con fuertes dolores. !Ah, qué fuerza tiene los pequeños cuando se unen!

Justicia y boicot

Cuando escuches la palabra *boicot* anímate a luchar por la justicia y recuerda esta historia:

El capitán inglés Charles Cunningham Boycott era, en el siglo pasado, el administrador de las haciendas que tenía en Irlanda un noble inglés, llamado el conde de Erne.

En ese entonces los irlandeses luchaban por su libertad y sus derechos y los animaba un líder llamado Parnel. Parnel pedía que no se trabajasen las tierras de los ingleses hasta que se aprobara una ley agraria justa.

El capitán Boycott, que era consciente de las injusticias pero fiel a su señor, sufría las consecuencias de la lucha: se le cerraban los comercios, nadie lo trataba, se dispersaban los rebaños por falta de pastores y al fin tuvo que viajar a Inglaterra.

Allí, algo paradógico, abogó por los irlandeses denunciando la opresión en que vivían. Después de su decidida defensa regresó a Dublín. Fue muy bien acogido y después su apellido entró a todos los idiomas inmortalizando su sed de justicia.

Buscar con ganas

*S*e cuenta que un discípulo fue donde un maestro espiritual y le pidió consejos para estar en paz y ser feliz.

El maestro le dijo que buscara la felicidad más en dar y darse que en recibir. Le dijo también que buscara la felicidad más en lo interior que en lo exterior.

El discípulo volvió y afirmó que aunque era más dichoso, aún no encontraba la perfecta felicidad. El maestro le sugirió que buscara la felicidad en las buenas relaciones y no en las muchas posesiones y más en lo pequeño que en lo grande.

Cuando el discípulo regresó y dijo que aún no era feliz, el maestro lo invitó a una experiencia de meditación y a un baño purificador junto a un río. Después de meditar fueron al río, y cuando el discípulo estaba distraído, el maestro lo tomó con fuerza y lo sostuvo con la cabeza sumergida en el agua.

El joven trataba en vano de soltarse porque su fornido maestro lo sujetaba con vigor. Al fin, cuando le quedaba el último aliento, empujó al maestro y salió a tomar aire con todas sus ganas.

El maestro se paró al frente, le sonrió y viendo la fuerza con la que tomaba aire le dijo: "Muy bien, ahora escúchame, cuando busques la felicidad o cualquier meta con esas mismas ganas, la vas a encontrar".

El águila y los pollos

Cuenta la historia que un campesino encontró un huevo de águila y lo llevó al corral para que una gallina lo empollara.

El aguilucho nació y fue criado como un pollo en medio de los pollos. Así creció y vivió: comiendo maíz, buscando gusanos y andando por el suelo.

Un día llegó a la finca un biólogo que después de recorrerla fue y le dijo al granjero:

- Tienes un águila entre las gallinas.

- Sí, pero ya es como un pollo, come como un pollo, anda como un pollo y duerme con los pollos.

- Pero podemos recordarle que es un águila, dijo el biólogo. Alzó el aguilucho y le dijo: "Vuela... vuela alto". Pero éste sólo dio un salto y volvió al corral.

- El biólogo no se desanimó y lo llevó más lejos y lo motivó: "Animo, vuela y recuerda lo que eres". Pero el aguilucho voló un poco se fue con los pollos.

- Es una gallina, no insistas, dijo el granjero.

- Es un águila, dijo el biólogo que llevó al ave a lo alto de un cerro, lo puso contra el viento y le dijo: "Eres un águila, vuela hacia las nubes". Y el aguilucho alzó el vuelo y se perdió en el horizonte

¿Sabemos quienes somos y cuánto podemos? ¿Podremos animar a otros para que vuelen con las águilas?

¡Cerdo...cerdo!

Se cuenta que un hombre soberbio y de mal carácter iba en su auto. De pronto, observó adelante a un campesino que estaba detenido al lado de la vía por donde él iba a pasar.

Nuestro hombre siguió su camino y cuando pasó al lado del campesino, éste con mucho énfasis gritó: "¡Cerdo... cerdo!".

El viajero se llenó de ira y soltó una palabrota mientras seguía a toda velocidad para tomar una curva adelante. Tan pronto como giró en la curva, nuestro hombre se chocó con un cerdo muerto que estaba en la mitad de la vía.

Como todas las historias también ésta tiene variadas enseñanzas para aquellos que están abiertos a pensar y aprender:

1. ¿Están los orgullosos dispuestos a escuchar? No, por que el orgullo cierra todos los caminos.

2. Casi siempre por correr dejamos de vivir. Como decía alguien: "La vida es algo que pasa mientras estamos ocupados haciendo otras cosas".

El tigre y la zorra

*L*a siguiente historia se le atribuye al poeta persa Saadi quien alcanzó fama de sabio y místico en el siglo XVII.

Cierto día un hombre que andaba por el bosque vio a una zorra mutilada que había perdido sus cuatro patas. Se preguntaba cómo hacía el animal para poder cazar y sobrevivir, cuando observó a un tigre que se aproximaba. El felino traía en sus fauces un pedazo de carne que depositó junto a la zorra y se fue.

Al día siguiente nuestro hombre volvió al bosque, vio como se repetía la misma escena y se dijo a sí mismo: voy a hacer como la zorra; y Dios que es providente, me mandará un tigre para que me alimente.

Así lo hizo y, pasados los días, cuando ya estaba muriéndose de hambre, escuchó una voz que le dijo: No seas perezoso e insensato. Te creé como hombre, no como zorro. Toma consciencia de lo que vales, por tu bien y el de los que realmente necesitan ayuda.

El mercader y los camellos

*C*uenta una historia árabe, que un rico mercader salió a vender mercancías en compañía de sus servidores y con una caravana de 12 camellos.

De noche pararon en un oasis, y cuando el señor ya estaba listo para dormir, llegó su asistente y le dijo:
- Señor, tenemos un problema: ya hemos amarrado 11 camellos pero olvidamos traer una estaca y no sabemos que hacer con el que nos falta.
- Muy sencillo, dijo el mercader: simula delante del animal que clavas la estaca y lo amarras a ella. El camello, que es torpe, creerá que está sujeto y se quedará quieto.

Los servidores hicieron lo que dijo su señor y se fueron a dormir. Al amanecer vieron que todos los camellos estaban en su lugar. Fue de nuevo el asistente y le dijo al comerciante que tenían los camellos listos para partir, pero no podían poner en camino al camello número 12.

El señor les dijo que simularan desatarlo por que creía que estaba amarrado. Así se hizo y la caravana pudo proseguir su camino.

¿Cuántos lazos mentales nos frenan? "Si piensas que estás vencido, ya lo estás", decía Christian Barnard.

El guerrero y su esposa

*C*uenta una historia de la tradición sufí que un valiente guerrero regresó a su pueblo después de haber combatido con toda el alma por la patria.

Al llegar a casa su alma se derrumbó cuando le dieron la triste noticia de que su amada esposa había muerto.

El guerrero, abatido por el dolor, hizo todo lo posible por entrevistarse con el profeta Mahoma, y entre otras cosas le dijo:

- Aconséjame qué puedo hacer para que mi querida esposa nunca sea olvidada.

- Construye un pozo en el desierto, dijo el profeta. Así todas las caravanas que se beneficien de él darán gracias a Dios por calmar la sed en sus frescas aguas, y por tu amada esposa.

Así lo hizo el apenado guerrero y, con el paso del tiempo descubrió que había ganado la batalla más importante de la vida: había derrotado al desespero y al pesimismo.

Una victoria que solo se obtiene cuando en la fe, en la esperanza y en un amor hecho servicio, le hallamos sentido a la vida a pesar de la muerte y las penas.

"Dando, recibimos" y "somos consolados cuando buscamos consolar" decía San Francisco de Asís. Vivir bien y dar vida es lo mejor que podemos hacer para no estar muertos en vida.

Inundación y oración

*U*na historia bien conocida cuenta que debido a una gran inundación un hombre se subió al techo de la casa que ya estaba anegada.

Mientras el agua subía peligrosamente, rezaba sin cesar, seguro de que Dios lo iba a salvar.

- Súbase aquí y sálvese, le dijo alguien que llegó en una canoa.

- No, yo creo en el poder de la oración y Dios me va a socorrer, dijo nuestro hombre. Y el otro se marchó.

Ya el agua tocaba el techo cuando se acercó otra persona en una lancha a motor y lo invitó a subirse.

- Gracias pero yo estoy rezando y Dios me va a salvar.

El de la lancha insistió pero al fin se fue. Cuando el agua ya le llegaba al cuello le gritaron desde un helicóptero: Agárrese del cable y sálvese.

Nuestro personaje repitió su cantaleta, el agua lo cubrió, se ahogó y llegó al cielo bravísimo, preguntando por Dios. Ya en su presencia se quejó así:

- ¿Por qué me abandonaste? ¿Para qué sirve rezar si no lo escuchan a uno?

- Pero buen hombre, le dijo su Divina Majestad, ¿Que más querías? Te mandé una canoa, una lancha a motor y un helicóptero.

Más pobre que tú

Al místico alemán Juan Taulero (1300-1361) se le dio el nombre de el Doctor Iluminado por su gran sabiduría. A él se le atribuye esta hermosa historia:

Cierto hombre iba por la calle completamente solo y mientras andaba como sin rumbo, decía en voz alta:

Qué destino tan oscuro el mío. Es imposible encontrar en el mundo alguien más pobre que yo. No tengo casa para vivir y tengo que mendigar la comida. Tenía un sombrero y el viento se lo llevó. Tenía una capa y alguien me la robó, tenía un bastón y tuve que hacer fuego con él para espantar el frío.

Y para colmo de mis males, hoy, al cruzar un río, éste arrastró la bolsa en la que tenía un mendrugo de pan, fruta y agua. ¿Hay alguien más pobre que yo?
- Yo, hermano, le contestó una voz.
Se volvió y vio a Cristo que con traje de peregrino le decía:
- Tú, si lo deseas, aún puedes recoger el agua con tus manos. Yo ni eso puedo porque tengo mis manos traspasadas.

Matar un sinsonte

Según una creencia popular, muy extendida en ciertas zonas del sur de los Estados Unidos, era pecado matar un sinsonte.

La tradición popular protegía a estas avecillas con un especial cuidado, muy seguramente por la belleza de su canto, pues el sinsonte fue dotado por el Creador de un canto armonioso y un prodigioso don de imitación.

Ahora bien, hablamos acá de esta tradición, para denunciar una creencia bastante odiosa, creencia que censuró el escritor sureño Harper Lee, ganador del premio Pulitzer en 1960, con su novela "Matar un sinsonte". El escritor acentuó la ironía de que en una cultura segregacionista fuera pecado matar un pajarito, mientras se apoyaba la ejecución de un negro inocente.

Los seres humanos, cuando amamos y creemos sólo de palabra, llegamos a aprobar e incluso a bendecir los peores males, con una frescura pasmosa. Nos sucede lo mismo que a los orgullosos fariseos, a quienes Jesús criticaba porque colaban un mosquito y se tragaban un camello: Mateo 23, 23-24.

Historia de los ciegos

*E*sta historia de la India es bien oportuna para no hablar de "la" verdad cuando sólo tenemos "nuestra" verdad. Se cuenta que un grupo de ciegos iba por un camino y, de pronto, se encontraron con un obstáculo que, sin saberlo ellos, era un inmenso elefante.

El primero en hablar dijo que estaban en frente de un gran tonel lleno de líquido, mientras tocaba la panza del animal.

El segundo lo contradijo, afirmando que estaba en medio de dos árboles, y mientras tanto palpaba las patas del animal.

El tercero riñó con ellos diciendo que con razón eran ciegos, porque estaba claro que tenían al frente un gran abanico, y se echaba viento con la oreja.

Otro se burló de los anteriores y aseguró que estaban ante un objeto armado con lanzas, mientras tocaba los colmillos.

Uno más, que estaba adelante, insistía en que sólo él tenía razón y que estaban ante una inofensiva serpiente, al tiempo que acariciaba la trompa.

El último en hablar gritaba que habían topado con una soga y no dejaba de tocar la cola del animal. Mientras discutían acaloradamente, el elefante salió corriendo y los atropelló al partir.

El campesino y el rey

*C*asi siempre el ingenio y el buen humor son nuestros mejores aliados en los momentos difíciles.

Un buen ejemplo lo tenemos en la historia del campesino que vió cómo las tropas del rey penetraban en su campo labrado.

Muy acongojado pudo apreciar cómo su trabajo se había convertido en un campo hundido, pisoteado y con la futura cosecha destrozada.

Consciente del poder absoluto del rey y de la soberbia de las tropas, el campesino comenzó a gritar:
- ¡Milagro... milagro!
Quisieron callarlo pero el gritaba con más emoción:
- ¡Milagro... milagro!

Tan fuertes eran sus gritos, que llegaron a oídos del rey quien ordenó que llevaran al labrador a su presencia.
- ¿De cuál milagro hablas? le preguntó.
- Majestad, en este pedazo de tierra, que es lo único que tengo, había sembrado garbanzos y, de pronto, me han salido soldados que sin duda venderé a buen precio.

El rey entendió la lección y mandó que le abonaran los perjuicios causados.

Diógenes en el cementerio

*C*uenta la historia que un ateniense, tan rico como arrogante, vio cierto día al filósofo Diógenes en el cementerio con dos huesos en las manos. Después de extenderse en ironías sobre el estilo de vida sobrio y humilde del filósofo, le preguntó qué hacía en ese lugar.

Y Diógenes le contestó: "Buscaba los huesos de tu padre, pero no logro diferenciar los huesos de los ricos de los huesos de los pobres".

De tantas historias que se atribuyen a este filósofo griego, hay otra que refleja su total desapego:

Un día que Diógenes iba de camino, llegó a la orilla de un arroyo y vio a un niño que bebía agua recogiéndola con sus manos unidas. Como él solía llevar como único equipaje una escudilla atada a un hilo y colgada del hombro, exclamó:

¡Necio de mi, que durante tanto tiempo he cargado este objeto superfluo! Y diciendo esto, arrojó la taza contra una piedra.

Diógenes nunca se dejó esclavizar por las cosas. Cuando Alejandro Magno fue a visitarlo y le dijo que le pidiera lo que quisiera, Diógenes, desde su famoso tonel, se limitó a decir:
"Sólo te pido que te quites porque me estás tapando el sol".

Dos historias

*C*ierto día, estando Benjamín Franklin en Francia, se encontró en un café con un individuo que olía mal y le dijo:
- ¿Puede usted retirarse un poco?
- ¿Por qué?
- ¿Porque huele muy mal.
- ¡Esto es un insulto grave! Me debe una satisfacción y lo reto a muerte. Nos veremos mañana detrás de Notre Dame.
- No es necesario y no acepto el duelo, dijo Franklin. Y añadió:
- Es muy sencillo. Si me mata usted, continuará oliendo mal; y si le mato yo, olerá peor.

Y ya que hablamos de Francia, es bueno recordar a uno de sus reyes llamado Luis XII.

Se enteró este monarca de que un gentil hombre de su corte había maltratado a un humilde labrador, y en castigo ordenó que sólo le dieran carne y vino.

Se quejó el cortesano al rey, y el monarca le preguntó si no le bastaba con lo que le servían en la mesa. Y cuando el otro dijo que le hacía mucha falta el pan, el soberano le dijo:
- ¿Pan? Lo siento pero no te lo puedo dar porque te lo proporcionaba el labrador a quien maltrataste.

Mientras los pesimistas
se quejan, los optimistas
mejoran el mundo. G. Gallo.

La alegria compartida
es una alegria doble.
—John Ray.

Segunda Parte

Espiritualidad

Medios para perdonar

Está demostrado que sin perdón no hay felicidad y por eso duele ver a tantos seres aprisionados por el resentimiento.

Ojalá disfruten el hoy sin las amarguras del ayer, abriéndose a experiencias sanadoras como éstas:

* Ponerse en el lugar del ofensor y verlo, no como un ser perverso, sino como un ser sin luz y equivocado.

* Unirse a Dios y ver a los que nos han hecho mal como los ve él: con una infinita misericordia y compasión.

* Verse a sí mismo con humildad y reconocer que todos cometemos errores y hacemos sufrir de algún modo.

* Entender que muchas veces somos responsables en parte del mal sufrido, por acción o por omisión.

* Convencerse de que con el rencor no arreglamos nada, nos hacemos daño y se lo causamos a quienes nos aman.

* Orar por los que están equivocados para que lleguen a la luz. La oración sincera es una sanación que trae paz.

Doce pasos

Cuando una persona se libera de las garras del alcohol o de la droga, gracias a Dios y a su esfuerzo constante, da doce pasos.

12 pasos de sincera humildad, confianza en un Poder Superior, amor a sí mismo y a los demás, y una fe viva.

Son 12 pasos de liberación para renacer y vivir intensamente el hoy, el presente que es lo único que tenemos.

De esos 12 pasos, excelentes como medio para romper con cualquier hábito esclavizante, hay algo que me atrae en el paso 11. Dice así:

"Buscamos a través de la oración y la meditación mejorar nuestro contacto consciente con Dios, como nosotros lo concebimos, pidiéndole solamente que nos dejase conocer Su voluntad para con nosotros y nos diese la fortaleza para cumplirla".

En sólo dos frases expresa este paso la esencia de una oración bien hecha. En ella, más que cosas materiales, se piden dos regalos:

1. Dios mío, déjame **conocer Tu voluntad** en mi vida.
2. Señor, dame **fortaleza para cumplirla**.

Con eso basta para decirle NO al mal y SI al bien.

Buscar a Dios

El retorno a lo espiritual, propio del fin del siglo, ha movido a miles de personas a convertirse en buscadoras de iluminación.

Iluminación que coincide en todas las religiones con la total unión con Dios en el amor y el desapego. En la auténtica espiritualidad es muy importante la acción de buscar, porque refleja una actitud propia del ser humilde, siempre dispuesto a aprender y a mejorar.

"Buscar a Dios", es una expresión muy común en los profetas bíblicos, tal como lo leemos en Amós: "Buscadme a mí y viviréis, dice Yahveh". 5,4.

Buscar significa estar siempre en camino, lejos de esa soberbia que ciega a los que ya se creen buenos y santos, con un fariseísmo que Jesús condenó sin miramientos.

Ser buscador es lo mismo que ser caminante, sin creer que ya se llegó a la meta, como lo hacen los orgullosos por más religiosos que se crean. Ojalá todos vivamos en la constante búsqueda de una iluminación, que no pueden ofrecer tantos falsos maestros que hoy aprovechan un mercadeo religioso.

Por eso el reto es doble: buscar la verdadera luz y saber buscar para no caer en el engaño.

Energía interior

*E*s interesante volver a los mitos porque en ellos hay valiosas lecciones que nunca pierden vigencia. Recordemos a Aquiles y a Sigfrido, ya que ambos aparecen en la Iliada y en la música de Wagner como personajes invulnerables. Ambos son también moidelos de valor y de nobleza. Son dos héroes que dan la vida por los demás.

Lo importante es que tanto Aquiles como Sigfrido tienen un punto débil: el primero en el talón y el segundo en la espalda. Y es por ahí que llega la muerte a manos del troyano Héctor en la Iliada, y en la obra musical de Wagner causada por Hagen.

Ese sitio vulnerable nos está previniendo a todos contra la arrogancia y nos está invitando a la humildad. Todos tenemos nuestro talón de Aquiles o un lugar en la espalda que simboliza nuestra fragilidad y nuestras limitaciones. Pero también contamos con la energía divina, con el poder del Espíritu Santo para vencer y superar nuestras fallas. Es el mismo Espíritu que acompañó a Moisés, Elías, David, Jesucristo y que habita en nuestra alma, ojalá estemos abiertos a su acción poderosa y amorosa.

Amor y aceptación

Aunque no es fácil, podemos aprender a hacer un buen manejo del dolor y de las desgracias o las derrotas. Un primer paso es cultivar la capacidad de aceptación que nos empuja hacia la superación y nos libra de la depresión.

La aceptación no es una resignación pasiva, sino una actitud que con un realismo positivo armoniza la calma con la esperanza. Aceptar lo que nos hace sufrir es reaccionar con serenidad, y al mismo tiempo con fuertes deseos de salir adelante.

Después de todo, la desgracia es una compañera de viaje tanto como la felicidad y lo mejor es hacerse amigo de ella. Ojalá digamos con Lacordaire: "La desgracia abre el alma a unas luces que la prosperidad no ve".

En las crisis mostramos nuestra fortaleza y en el dolor maduramos, nos purificamos y valoramos todo desde una perspectiva más amplia. Así lo experimentaron siempre los sabios.

Un buen ejemplo lo tenemos en San Pablo y su actitud ante tantas penalidades: 2 Corintios, 11 y 12.

Los Proverbios

*E*l libro de Los Proverbios es un tesoro de sabiduría que está en la Biblia para tí. Léelo con frecuencia.

Recoge dichos de los sabios de Israel, fruto de varios siglos de enseñanzas, que iluminan la mente y son alimento para el espíritu.

Son breves sentencias, tan profundas como estas:

- Una respuesta suave calma el furor; una palabra hiriente aumenta la ira.

- Mejor es poco con temor de Dios, que un gran tesoro con inquietud.

- El camino del perezoso es como un seto de espinos; la senda de los rectos es llana.

- Quien desatiende la corrección se desprecia a sí mismo, quien escucha la represión adquiere sensatez.

- Encomienda tus obras a Yahveh y tus proyectos se llevarán a cabo.

- El corazón del hombre medita su camino, pero es Dios quien asegura sus pasos.

- Adquirir sabiduría, cuánto mejor que el oro; adquirir inteligencia es preferible a la plata.

- Más vale el hombre paciente que el héroe; el dueño de sí vale más que el que conquista ciudades.

Avivar la esperanza

*M*antén viva la esperanza si te asusta la depresión. La esperanza es la energía de los que aman, luchan y avanzan. Esto lo percibió Dante al identificar el infierno en la Divina Comedia, con éste lúgubre letrero: "Los que entráis aquí, abandonad toda esperanza".

Esta verdad también la cantó el maestro William Shakespeare en su obra Ricardo III, con este mensaje: "La verdadera esperanza es rauda y vuela con alas de golondrina; crea dioses y reyes, y eleva al trono a los más humildes".

La esperanza es el motor de la existencia; es la virtud que nos hace ver el sol en el día y las estrellas en la noche. Es la mejor aliada del amor y de la fe y nos permite exorcizar demonios como el temor, las dudas y el desaliento.

La cultivamos siendo amigos de Dios, inventariando nuestros bienes y apreciando todo lo bello, amable y positivo. Si ponemos nuestra esperanza en Dios podemos decir con San Pablo:

"Todo lo puedo en Aquel que me conforta", aunque estemos en la cárcel como él. Filipenses. 4,13.

No archivar ofensas

*C*uenta una antigua leyenda que el dios Júpiter colocó dos alforjas sobre el hombro de cada ser humano. En la alforja de adelante cada quien lleva los defectos de los demás y en la alforja de la espalda van sus propios defectos.

Por eso es que tenemos tantos ojos para las fallas ajenas y las criticamos sin cesar, mientras casi ni vemos nuestras fallas y limitaciones.

Pues bien, nada mejor que echar todas las fallas, propias y ajenas, en la alforja de atrás; cambiar con amor lo que podemos y aceptar lo que es inevitable. Nada más oportuno que cambiar la crítica destructiva por la comprensión, y el juicio por una amable tolerancia. El juicio nos degrada y la bondad nos engrandece.

En su hermoso Sermón de la Montaña, Jesús insistió en la necesidad de amar sin juzgar, acoger sin condenar y perdonar sin abrirle espacio al demonio del rencor. Lucas 6, 27-38.

No seas nunca un archivador de ofensas ni te conviertas en un juez implacable porque llenarás tu alma del más mortífero veneno. Sin permitir que abusen de ti, vive en paz al crear unas relaciones iluminadas por la comprensión. Aprende a ser tolerante con tus fallas y con las de los otros.

Dios títere

Según la Biblia, Dios hizo al hombre a su imagen y semejanza, pero en una falsa fe también el hombre se hace un dios a su medida. Un dios cómodo que patrocine la inmoralidad, paternalista y que se deje comprar por ritos o limosnas. Un dios tan dócil como los muñecos de un titiritero.

Claro que, a la larga, esa fe acomodaticia trae graves frustraciones y se derrumba. Entonces hay que aplicar lo que dice León Tolstoi: "Si ya no puedes creer en el Dios en quien antes creías, esto se debe a que en tu fe había algo equivocado y falso, y tienes que esforzarte en comprender mejor eso que llamas Dios. Cuando un salvaje deja de creer en su dios de madera, eso no significa que no hay Dios, sino que el verdadero Dios no es de madera".

Son muchos los que necesitan purificar su fe de falsas creencias y casi siempre es en las crisis cuando sabemos si nuestra fe es fuerte o frágil.

Aunque el dolor alimente dudas que parecen acabar con la fe, lo que hace es ayudarnos a creer en el verdadero Dios y no en un dios de bolsillo. También en la fe conviene desaprender para volver a aprender. Sólo así se tiene una fe auténtica.

Creer más y más

 ree en ti mismo. Cree en tus capacidades y en todos los talentos que Dios te ha dado. Cree en lo que puedes hacer y en las metas que ansías alcanzar.

Cree en la inmensa energía que tienes en tu corazón para amar y para servir, para curar y para unir, para reconciliar y para bendecir.

Cree en el poder de tu mente, en tus conocimientos y en tu capacidad de recordar, pensar y proyectar. Cree en el fuego que arde en tu voluntad cuando deseas algo con pasión. Cree en los seres que amas y que te aman.

No dejes de confiar aunque sientas un vacío en el alma y estés abatido y escaso de esperanza. Cree a pesar de las caídas, por encima de las crisis y más allá de las dudas.

Cree en ti mismo, en el Dios que te da vida y amor y en todos los seres humanos. Que la maldad y la bajeza no te impidan ver todo lo noble y todo lo bello.

Cree en la luz de la verdad, en la magia del amor y en el aliento de la esperanza. Cree hoy y siempre porque todo lo puedes esperar de la fe y nada puedes esperar de la duda.

La otra vida

*L*as personas buenas de todas las religiones están convencidas de que hay una vida más allá de esta vida. Lo pide la fe en un Dios de amor que no nos puede haber creado sólo para vivir semanas, meses o unos cuantos años. Lo piden las leyes espirituales de la siembra y la cosecha, de modo que cada cual reciba después lo que mereció por sus actos.

De lo contrario, este mundo sería un absurdo ya que obro mal sin que nada me suceda y me burlo de un muñeco llamado Dios. Esa otra vida, según todos los que han muerto por segundos y han vuelto a vivir, es, en todo, mejor que ésta si actuamos bien.

Es un mundo espiritual en el cual, sin necesidad de reencarnar, seguimos amando, sintiendo, pensando y madurando.

Ese más allá infinito sólo será sombrío y lúgubre para los que eligieron hacer el mal. Allá podrán recapacitar y evolucionar en esas distintas moradas de las que habló Jesús. Juan 14,2.

En esta vida preparamos la vida del más allá.

Ley de la siembra

*A*cá y en el más allá creamos el cielo o el infierno con el amor o el desamor. Cada quien elige luz o sombra con sus buenas o sus malas acciones.

Lástima que algunos olviden que en esta vida están programando la venidera según una ley de la siembra que siempre se cumple. Lástima que actúen como si no existiera un más allá y que aquí y allá recogemos lo que cultivamos. De lo contrario Dios sería un payaso.

No, la justicia divina no está viciada por la impunidad que reina en la Tierra y basta esperar un poco y ver cómo "el camino del impío acaba mal".

Hay que insistir hoy con fuerza en ese respeto sagrado que en la Biblia se llama "temor de Dios" y que los abuelos resumían en esta frase: "De Dios nadie se burla".

El infierno sí existe y cada cual lo sufre acá y allá a la medida de su maldad. No es un lugar sino un modo de vida signado por el desamor.
¿Qué sentido tiene entonces vivir desde ya en el infierno?

Lo sensato es tratar a los otros como queremos que ellos nos traten y vivir en el cielo del amor y la luz. Estemos seguros de que "con la misma medida que midamos seremos medidos".

Ser humildes

*L*a ciencia no sólo no alejó de Dios, al gran científico Albert Einstein, sino que lo acercó más a él.

Einstein no se dejó ensoberbecer por sus conocimientos y afirmaba: "La Ciencia descubre a Dios detrás de cada puerta que logra abrir".

Uno ve la fe sincera de científicos como Werner von Braun, Pasteur o Patarroyo, y se duele del ateísmo fanfarrón de algunos. Ojalá la Ciencia los acercara a Dios y a los demás.

Está claro que el único camino que nos lleva a Dios y a los demás es el de la sencillez. El orgullo, por el contrario, bloquea cualquier relación y nos aísla. El saber que necesitamos no es el que nos eleva al espacio vacío de la soberbia, sino aquella sabiduría que nos hace crecer en bondad, armonía y humildad.

Sabiduría que brillaba en María de Nazaret y que la llevó a exclamar en su canto del Magnificat: "Dios dispersa a los soberbios de corazón y enaltece a los humildes". O como dice el místico hindú Tagore: "Dios ama las florecillas y se cansa de los imperios".

¡Ánimo!

Al inicio de un nuevo día le pido al Creador un amor renovado y una esperanza nueva.

Al igual que los vehículos, necesito un mantenimiento periódico porque el ánimo tiende a disminuir y las fuerzas a flaquear. Cerquita de Dios vuelvo a llenarme de fe y de entusiasmo. Cerquita de Dios renacen la confianza y el optimismo.

Hoy le hago mantenimiento al espíritu con la presencia del Amigo Dios, con pensamientos positivos y con una actitud animosa. Desecho los temores y las dudas y expulso de mi ser los pensamientos sombríos y las malas emociones.

Quiero cancelar todos los mensajes negativos y creer en un mejor mañana. Necesito disfrutar plenamente el presente. Necesito saludar al Sol con alegría, porque no conviene empezar el día de hoy con las espinas del ayer.

Hoy renuevo mi esperanza mientras repito esta promesa de Jesús: "En el mundo tendréis dificultades. Pero, ¡ánimo! Yo he vencido al mundo. Juan 16,33.

Fe firme

¡Señor, Dios mío, aumenta mi fe! Que mi confianza en tí tenga el vigor del acero y esté siempre viva.

Señor, Dios mío, que las penas y las crisis no me separen de tí, porque en el dolor es cuando más te necesito.

No quiero que mi fe sea tan débil que se extinga cuando me golpea la adversidad. Yo, como Job, quiero creer en tí aunque el dolor parezca insufrible y la noche se haga eterna.

Aumenta, Señor, mi fe, y esperaré mejores días, como el marino cuando pasa la tempestad.

Necesito hacer depósitos en el banco de la esperanza pensando en lo que conservo y no sólo en lo que he perdido.

Necesito una perspectiva trascendente para creer que esta vida es transitoria y que hay un más allá de plenitud.

Quiero creer y esperar ya que "cuando cae un roble con estrépito, calladamente la brisa siembra cientos de bellotas". Thomas Carlyle.

Fe milagrera

Jamás verás a alguien que de verdad cultiva su vida espiritual, sumido en el total desespero o hundido en la depresión. Nunca verás a personas realmente amigas de Dios vencidas por los problemas o con una vida enredada.

Lo que sí verás son personas que confunden la fe con el culto o con saber mucha Biblia, y reniegan de "su" Dios ante una dificultad. Y digo de "su" Dios porque creen en un Dios manejable que a ellos les dé libertad, pero que se las quite a los demás.

Un diosecito que se pueda manejar con ritos y limosnas y que haga lo que nosotros queremos. Y claro, cuando surge el mal, buscado o no, y ese diosecito no hace milagros, entonces pierden la fe que dicen tener. Además le han dedicado a lo espiritual sólo migajas, y aún así pretenden que un rezo obre maravillas.

¡Ay, Dios mío! ¡A cuántos nos hace falta dudar para poder creer! ¡Y a cuántos nos hace falta sufrir para poder madurar!

Teresa de Calcuta

*L*as siguientes son sabias reflexiones de la Madre Teresa de Calcuta:

"Una vez que ambicionamos poseer dinero, también deseamos lo que el dinero compra: cosas superfluas, lujos, vestidos elegantes, comodidades ambientales, grandes mansiones, etc.

Y nuestras necesidades siguen creciendo porque unas cosas atraen a otras hasta que el resultado final es una insatisfacción continua.

Debemos aprender a confiar en Dios y depender de su providencia con un desapego que nos da libertad. Vivimos en un mundo hambriento, pero el hambre no es sólo de pan. Es mucho peor el hambre de amor.

La gran pobreza es la de sentirse indeseado, abandonado y saber que no somos amados. Por eso debemos amar a los que están cerca aunque sea con pequeños detalles. Para Dios nada es pequeño. Recordemos que sólo seremos examinados por Dios sobre el amor que dimos".

Fe de obras

*L*a fe que salva, que cura y que da poder es una fe centrada en Dios como ser, más que una fe doctrinal. Es una fe que nace de una relación amorosa con Dios y que se refleja en buenas acciones y en una vida correcta. Una fe que vive del amor, se nutre de la oración y crece con la esperanza.

Una fe viva que nos da fuerzas en las crisis y no se tambalea tan fácil cuando llegan las penas. Lo que no sucede con una fe superficial y ocasional que se cae como árbol sin raices es la tempestad.

La fe actuante que yo necesito es aquella de la que habla así el apóstol Santiago en su carta: "Así como el cuerpo sin espíritu está muerto, así también la fe sin obras está muerta". 2,26.

Con una fe viva puedo alejar los temores, puedo confiar y puedo esperar días mejores lleno de optimismo.

Fuego en el corazón

*S*i tienes fuego en el corazón sales adelante a pesar de los obstáculos y las penalidades. Si tienes fuego en el corazón alejas las dudas, vences los temores y superas las crisis.

Ahora bien, ¿sábes cómo se llama en la Biblia ese "fuego en el corazón?". Se llama Espíritu Santo. Con su poder y su amor fue como unos pescadores cambiaron su debilidad por energía y su cobardía por coraje.

En Pentecostés el Espíritu los transformó, como ha transformado siempre a los que se dejan guiar por él, según leemos en el capítulo 2 de los Hechos de los apóstoles. Es el mismo Espíritu que llenó a los profetas, tal como lo narra Isaías en el Capítulo 61 de su libro.

Ojalá lo llames y te dejes poseer por él; entonces, con fuego en el corazón serás un ser espiritual. Entonces, guiado por el Espíritu, tendrás una vida nueva (Efesios 4 y 5), y en la así llamada Nueva Era no seguirás a tantos maestros que hoy engañan a los incautos.

Madurez espiritual

*T*res medios tiene toda persona para cambiar, madurar y alcanzar un tesoro llamado paz interior, armonía o iluminación:

1. **Experiencias positivas**. Es decir, vivencias que permiten ubicarse y hallar el sentido profundo de la vida.

Básicamente son espirituales y afectivas y de verdad cambian a quien las vive sin la ceguera del orgullo o la deshonestidad.

Experiencias como un amor puro, la amistad, la entrega a Dios, seminarios de mejoramiento, buenas lecturas o convivencias.

2. **Meditación**. Dios nos dio una mente y un espíritu para examinarnos, reflexionar, profundizar y aprender.

Otra cosa es que dediquemos tan escaso tiempo a pensar en lo que sí cuenta para vivir más y mejor. ¿Reflexionas al menos 10 minutos diarios?

3. **Golpes**. Los estrellones que sufrimos por no aprovechar las otras dos vías del conocimiento interior.

Es triste, pero preferimos graduarnos en la "Escuela de los Golpes" casi siempre cuando ya es muy tarde. Y hay quienes mueren sin aprender a vivir. Así somos.

Creer y confiar

*C*uando te veas oprimido por el desaliento siente a Dios en tu alma, confía en él y lee mensajes de esperanza. Mensajes como el que nos brinda el místico y poeta Rabindranath Tagore:

"Necesito creer que existe algo que dé a mi vida razón para luchar. Que me inspire a sentir que yo sí valgo, que mi esperanza no me puede fallar. Porque todo no es maldad y sufrimiento, que hay muchas cosas buenas para lograr; que con tenacidad e inspiración, lo que yo quiero lo lograré alcanzar.

Y creo en tí, Señor del universo, tú que has sido tan bueno para mí, no me defraudes, no me seas adverso, porque yo sobre todo creo en tí".

También en la Biblia, en especial en los salmos, tienes oraciones para confiar, creer y esperar sin decaer. Ojalá recites salmos de confianza en Dios como estos: 28, 31, 62, 63, 70 y 86. Son plegarias llenas de fe. Si de verdad tienes a Dios como Amigo sabrás insistir hasta derrotar el desaliento. No dejes de esperar y de luchar.

Trascender

*P*ensar en la otra vida como continuación de esta es de sabios y nos lleva a crecer en consciencia y en responsabilidad. Nada mejor que abrirse a lo trascendente para actuar con ética y darle a los actos una dimensión de infinito. Por eso, aunque no nos guste, conviene meditar en la muerte como fin y como nuevo comienzo. Y estas coplas de Jorge Manrique son bien apropiadas:

"Recuerde el alma dormida, avive el seso y despierte contemplando, cómo se pasa la vida, cómo se llega a la muerte tan callando.

Cuán presto se va el placer, cómo después de acordado da dolor; cómo a nuestro parecer cualquier tiempo pasado fue mejor.

Nuestras vidas son los ríos que van a dar a la mar, que es el morir. Allí van los señoríos derechos a se acabar y consumir.

Este mundo es el camino para el otro que es morada sin pesar, más cumple tener buen tino para andar esta jornada sin errar.

Partimos cuando nacemos, andamos cuando vivimos, y llegamos al tiempo que florecemos, así que cuando morimos descansamos".

Admirar y bendecir

*H*oy quiero concentrarme en los pétalos y no en las espinas. Hoy quiero admirar el azul del cielo sin quejarme de las nubes.

Hoy hago un gozoso balance de mis dones y bendigo al Señor por todos mis talentos y por su amor sin límites.

Hoy tengo tiempo para valorar a mis seres queridos y para dar gracias por mi trabajo, mis bienes y mi salud.

Destierro el pesimismo y entierro el desaliento porque me abro jubiloso a la experiencia de alabar y agradecer.

En lugar de envidiar me dedico a elogiar, en lugar de destruir me dedico a construir, en lugar de llorar me dedico a reír.

Hoy tengo ojos y corazón para asombrarme con las flores, los árboles, las aves y los peces.

Hoy contemplo el universo con ojos nuevos y aprecio tantas maravillas. Hoy cambio mis lamentos por bendiciones.

Hoy veo mis problemas como oportunidades y me animo a seguir adelante con la ayuda de Dios y de quienes me aman. Hoy elijo vivir en lugar de morir.

Cuando te comprometes pones
pasión en lo que haces y conviertes
las semillas en frutos

g. gallo

Responsabilidad es la habilidad para responder por las acciones y por las omisiones.

G. Gallo

Gracias, Señor

*G*racias, bendito Señor, por este nuevo día. Gracias por tu amor, tu luz y tu protección.

Gracias, Señor, por el amor que recibo y por el que puedo compartir. Gracias por la fe, la esperanza y la alegría.

Gracias, oh Dios, por el milagro de la vida y por tantas maravillas que me rodean y que a veces no valoro.

¿Cómo no apreciar ese sol que brilla, los mares y el cielo? Bendito seas por la majestad de la Creación.

Gracias por la inmensa variedad de plantas y animales, gracias por el ciprés y el girasol, por el delfín y las gaviotas.

Señor, que hoy y siempre mire la luz y no la sombra, que piense en todo lo bueno y borre las quejas con la gratitud.

Gracias por mi familia, por mis amigos y por tantas personas que aman, sirven y siembran esperanza.

Te doy gracias y siento que contigo soy capaz de vencer las penas y el desaliento. Gracias, Señor; a pesar de los problemas, la vida es un milagro permanente.

El faro de la fe

Cuidar nuestra fe es cuidarnos a nosotros mismos, ya que gracias a la fe llenamos la vida de sentido.

Sin el faro de la fe todo se oscurece porque perdemos la confianza en Dios, en la humanidad y en nosotros mismos. Sin fe somos un árbol sin raíces y vagamos como ave sin nido.

Cuidemos, pues, nuestra fe con una oración amorosa, con buenas acciones, lecturas espirituales y buenas amistades. No permitamos que nada ni nadie debilite nuestras creencias.

Sería terrible que una gran pena nos apartara de Dios, ya que en esos momentos es cuando más lo necesitamos, pues El nunca es el responsable de nuestros infortunios.

Valoremos la fe, como lo hacen estos pensamientos:

- La fe no es sólo una virtud: Es la puerta sagrada por donde pasan todas las virtudes. Lacordaire.

- La fe es garantía de lo que se espera. San Pablo.

- La fe es creer lo que no vimos y crear lo que no vemos. Unamuno.

- El hombre sólo vive de dos maneras: o de fe, o de ilusiones. Leopardi.

La fe en 4 palabras

*E*n 4 palabras está la clave de la fe viva que no se agota en lo externo. Esas 4 palabras son: **"Señor, hágase tu voluntad".**

Las palabras preferidas de María de Nazareth y las mismas del *Padre nuestro*. "En su memoria lo mejor que podemos hacer es aprender de ella y de su hijo Jesús a hacer la voluntad del Padre". Lucas 22,43.

Lo podemos hacer con la absoluta seguridad de que Dios sólo quiere el bien para nosotros, aunque eso implique beber un cáliz amargo. Sabemos que el mal no es voluntad de Dios y que si hay obstáculos, es porque amar cuesta y lo fácil no siempre es lo mejor.

"Señor, hágase tu voluntad", debe ser el lema de vida para los que queremos imitar las virtudes de María y de Cristo.

Todos, ya que nos conviene llevar a Jesús y a María como compañeros de camino.

Honrar a la Virgen y servir como ella, son actos que nos traen luz y protección, si a diario decimos: **"Señor, hágase tu voluntad".** Lucas 1,38.

Gracias sin fin

Gracias, bendito Dios, por el día que despido con serenidad y el nuevo día que recibo con esperanza.

Gracias, Señor, por los esfuerzos realizados y los logros alcanzados. Gracias por tantos beneficios.

Alabado seas, oh Señor, por los gratos momentos, los nuevos conocimientos y tantas experiencias felices.

Gracias incluso por los errores de los que he aprendido algo y por los golpes que me han hecho madurar.

Gracias por el tesoro del hogar, el regalo de los amigos y el apoyo de tantas personas.

Gracias, amigo Dios, por la fe que me ilumina, la esperanza que me mueve y el amor que me da felicidad.

En tus manos, bendito Dios, pongo mi vida y la de mis seres queridos con una firme confianza.

Quiero amarte con toda el alma, amarme y amar a los demás. Quiero iniciar el nuevo día con paz en el alma y fuego en el corazón.

Gracias, Señor, por ser mi luz, mi amor y mi esperanza.

No llevar cuentas

Todos somos contadores aunque no hayamos hecho la carrera. En el diario vivir contamos el bien o contamos el mal. Somos felices cuando la comprensión nos mueve a llevar cuentas del bien y a no llevar cuentas del mal. Así aprendemos a perdonarnos, a perdonar y a disfrutar el presente sin las espinas del pasado.

Es propio de un Dios compasivo no llevar cuentas del mal, tal como lo leemos en uno de los salmos más populares de la Biblia: El salmo 130, llamado en latín el salmo "De profundis".

Un salmo que ahora muchos escuchan en los cantos gregorianos y que ensalza la bondad de un Dios que perdona a quien se arrepiente de corazón.

¡Cuán importante es no llevar cuentas del mal en las relaciones de pareja, en la familia y en la amistad! Por eso el apóstol San Pablo proclama que el verdadero amor "No lleva cuentas del mal". 1 Corintios 13,5. El amor nos mueve a respetarnos, a hacernos respetar y lo podemos hacer con un perdón que, sin tolerar abusos, nos anime a ser contadores del bien y no del mal.

Mundo interior

*L*a próxima vez que tengas la dicha de estar en la playa, ante la inmensidad del mar, piensa en lo siguiente y, por ahora, mira el mar con la imaginación:

En el mar hay dos dimensiones diferentes: la superficial y la profunda. ¿Qué es la superficie del mar?
El mar no tiene superficie propia porque en gran parte depende del entorno. Hoy azul y mañana gris según la luz, ayer alborotado y hoy sereno, a merced del viento. Es una superficie en permanente cambio.

¿Qué decir de la profundidad? Allí hay más estabilidad. Allí reinan el silencio y la paz.

En la profundidad está la vida y allí abundan las riquezas: paisajes de embeleso, una fauna exótica y una flora de ensueño.

En la profundidad están esos tesoros que nunca aprovechan los seres superficiales; los de la generación pitillo: plásticos por fuera y vacíos por dentro. Sólo los que tienen mundo interior con la oración y los valores espirituales disfrutan de paz, y van a la esencia de sí mismos, de los demás y de la vida.

Nelson Ned

*N*elson Ned, el gran artista brasilero, es sincero y valiente cuando habla del milagro que Jesús hizo y sigue haciendo en su vida. Así lo cuenta:

"Sólo tres salidas tenía mi caótica existencia antes de 1993: La cárcel, el manicomio y la sepultura. Trece largos años estuve dominado por la cocaína, el alcohol y el sexo fácil. Mis únicos dioses eran el dolar y mi propio ego.

Como artista era un fenomenal éxito, como esposo, como padre y como amigo era un irresponsable y un verdadero fracaso. Pero gracias a las oraciones de mi madre, mi esposa, mis hijas y otras personas, Dios mostró su gran poder en mí. Volví a nacer, sentí el fuego transformante del Espíritu Santo y ahora soy una persona nueva para la gloria del Señor Jesús".

Ahí está el testimonio de este artista que ahora es feliz porque está en paz con Dios, con su conciencia y con los seres que ama y que lo aman. Ojalá nos mueva a cambiar y a renacer.

Paz interior

O jalá descubras cuanto antes que felicidad y paz interior son lo mismo. Hay quienes mueren sin saberlo.

La felicidad que todos ansiamos se identifica con esa armonía que gozan los que andan con la conciencia en calma. Conciencia tranquila, iluminada por sólidos valores y que nace de la honestidad y de la espiritualidad.

Mira a tu alrededor y verás que sólo son felices los que son ricos en fe y en ética. Verás a muchos con una máscara de felicidad, pero en sus almas vacías sólo hay insatisfacción. Buscan inútilmente ser felices con el poder, el desenfreno o la riqueza y sólo cosechan frustraciones.

Haz, pues, un alto en el camino y aprende a vivir con una conciencia en paz y llena de Dios. Todo lo tienes si estás en armonía y todo lo has perdido si has perdido la paz interior por vaciedades.

Sentir a Dios

*S*i quieres estar en paz practica la meditación. Entra dentro de tí y siente a Dios en tu alma. Relájate en un lugar tranquilo y respira profundo varias veces, con tus ojos cerrados, pensando en lo mejor.

Siente que Dios es luz que inunda todo tu ser de claridad y te llena de calma con su amor. Invoca al Espíritu Divino como fuente de amor y poder celestial que habita en aquellos que aman a Dios y le son fieles.

Hazlo diariamente hasta que sientas esa presencia transformante del Espíritu de Dios. Deja que sea huésped de tu alma. Tu vida puede ser un constante Pentecostés, una diaria fiesta del Espíritu Santo como portador de paz y de luz.

Saca tiempo para orar en un lugar calmado y así alejarás los temores, las quejas y la aflicción. Si quieres estar en paz, pon tu vida en las manos de Dios.

"Ora como si todo dependiera de Dios y actúa como si todo dependiera de tí".

El Espíritu Santo

*A*l padre Emiliano Tardiff, sacerdote canadiense, le diagnosticaron hace años una grave afección pulmonar. Era una afección tan seria que necesitaba meses y meses de cuidados y recuperación.

Pues bien, sin que él estuviera muy convencido, unos creyentes oraron por él y Dios lo sanó inmediatamente. Ni él ni su médico entendieron bien cómo pasó todo, pero el hecho fue que Dios mostró su poder. Desde entonces el padre Emiliano entró a la Renovación Católica en el Espíritu Santo con toda el alma.

Hoy en día, desde hace más de 20 años, recorre el mundo orando por los enfermos y viendo milagros permanentes. En todas partes ve cómo personas de toda condición son sanadas por el poder del Espíritu Santo. Un poder que tu puedes experimentar si te dejas guiar por el Espíritu. Hazlo y vivirás una nueva vida.

El mal no viene de Dios

Sería estupendo que todos purificáramos la fe de tantas falsas creencias que nos alejan del verdadero Dios.

Así no tendríamos innecesarias crisis que nacen de atribuirle a Dios lo que no le corresponde.

Lo que necesitamos es valorar la libertad que recibimos y no abusar de ella siendo irresponsables.

Un buen análisis nos muestra que detrás de todos los males no está Dios sino el abuso de la libertad humana.

Y cuando no es el abuso, allí están como fuente de mal el descuido o la falta de prevención.

También necesitamos aceptar que convivir en sociedad implica compartir bienes y males merecidos y no merecidos.

En la fe cristiana un buen ejemplo de ésto lo hallamos en Jesús y en su madre la Virgen María.

Ambos eran un espejo de bondad y sin embargo bebieron el amargo cáliz del dolor. Y es que la bondad no es un seguro contra toda la maldad.

¿Por qué? ¿por qué?

Ante una gran pena, que equivocadamente se ve como voluntad de Dios, es fácil oír frases como estas:

- Bueno, entonces, ¿Para qué sirve la fe?

- ¿Por qué Dios no evitó esto?

- No vuelvo a orar porque eso no sirve para nada.

- Si yo soy bueno ¿Por qué me pasa esto?

Nos cuesta entender que Dios no actúa contra nuestra libertad aunque ella cree males insufribles. Igual a lo que hace un padre con sus hijos mayores: les ruega que no salgan si hay peligro, pero no los amarra para evitarlo.

Por otra parte, debemos entender que la fe es un apoyo, no un seguro. Si fuera un seguro tendríamos una fe mágica que nos libra de todo sólo porque oramos o somos buenos.

El hecho es que si de verdad vivimos nuestra fe, (pocos lo hacen), ella es fuente de luz, paz y fortaleza. Y debemos aceptar que en esta vida compartimos bienes y males, seamos "buenos" o seamos "malos". Eso es convivir.

Cultivo espiritual

En las crisis y ante las penas se hacen patentes la riqueza interior o el abandono espiritual de las personas.

Todos sufrimos lo indecible ante la muerte de un ser amado, pero sólo los que tienen un alma grande salen adelante. Una fe firme y la amistad con Dios no son un seguro contra las penas pero sí nos libran del desespero.

De ahí que sea tan importante madurar espiritualmente y no engañarnos con una fe superficial y ocasional. La triste realidad es que muchos a lo espiritual no le dedican sino migajas de su energía y su tiempo.

De las 24 horas del día lo común es que ni siquiera 5 minutos se dediquen a lo espiritual. Ojalá aprendamos a meditar, a orar de verdad, a ser amigos de Dios y a cuidar el espíritu. Ojalá no nos dejemos seducir por lo material, ya que el dinero no calma penas ni compra esperanzas.

Verdadera religión

Señor, debes sentirte muy mal. Sí, Señor.

Debe causarte pena ver como abusamos de tu nombre. Tu nombre, Señor, se invoca para todo: la guerra y la paz, las derechas y las izquierdas, el bien y el mal.

En tu nombre se da vida y se mata, se cura y se hiere, se juzga y se salva, se crean unión o división. Y lo más grave, Señor, es que los que se proclaman seguidores tuyos actúan a veces con un fanatismo que produce escalofríos.

Cada grupo dice tener la exclusiva de tu mensaje y están convencidos de que sólo ellos son los puros y los santos. Tienen un cielo a su medida, sólo para ellos, y tu religión de amor universal la redujeron a un culto particular y excluyente.

¡Qué pena para tí, Señor, que tantos seres rígidos y sin tolerancia sean precisamente aquellos que se llaman discípulos tuyos! Es cierto que tú nunca claudicaste ante la deshonestidad, pero si fuiste enemigo del fanatismo y la soberbia.

Y eso, Señor, es lo que identifica a tantos "fieles" tuyos: un orgullo de creerse los únicos buenos y dignos de salvación. !Qué pena, Señor! Quizás algún día practiquemos la religión del amor universal.

3 Llaves de la paz interior

*C*reer, amar y esperar son las tres llaves de la paz interior y, por lo mismo, de la verdadera felicidad.

Creer, amar y esperar son las tres acciones que nos humanizan y nos divinizan cuando las convertimos en un estilo de vida.

Claro que hay que nadar contra la corriente si queremos crecer en fe, esperanza y amor en un mundo consumista y poco espiritual.

Ojalá tomemos la decisión de dedicarnos a **creer, amar y esperar** estando siempre unidos a ese Dios que mora en nuestra alma. Así, caminando en la presencia del Señor, nos afanamos por SER más y no tanto por TENER más. Dejamos de vivir en función del poder y el poseer para tomar al Espíritu Santo como luz y como guía.

Y descubrimos que la espiritualidad nos saca de ese torbellino en el que se ahogan los que sacrifican todo en aras del dinero o el poder. No es fácil centrar la vida en lo espiritual pero es lo mejor que podemos hacer. Elijamos hoy mismo vivir concentrados en **creer, amar y esperar.**

Apocalipsis

Apocalipsis es una palabra griega que significa revelación. Es también un modo de escribir en forma de visiones y símbolos. Lo cual nos indica que hay que saber interpretar esas visiones y esos símbolos sin tomarlos al pie de la letra.

Algo parecido al género poético que nadie lee en todo literalmente, porque sabe que emplea metáforas, símbolos y licencias lingüísticas. Lo grave es que hay cristianos fundamentalistas, es decir, aferrados al texto, intransigentes, y que limitan a Dios al texto de un libro.

Además suelen hablar más del demonio que de Dios, predican una religión de temor y cada tanto le ponen fechas al fin del mundo. Siempre se equivocan, hacen quedar mal a Dios y a la Biblia pero insisten porque hallan seguidores crédulos.

Yo mismo, por decir esto, estoy con el demonio, según ellos, aunque ellos para mi están con Dios, a pesar de su visión estrecha.

Ojalá usted, amigo lector, investigue y sepa leer el Apocalipsis como un libro de confianza en las persecuciones. Para eso se escribió y no para infundir miedo.

Ser como un niño

Del filósofo español Miguel de Unamuno son los siguientes versos para pedirle a Dios ser como un niño:

"Agranda la puerta, Padre, porque no puedo pasar. La hiciste para los niños y he crecido a mi pesar.

Si no me agrandas la puerta, achícame, por piedad; vuélveme a la edad bendita en que vivir es soñar.

Gracias, Padre, que ya siento que se va mi pubertad: vuelvo a los días rosados en que era hijo no más".

¿Hasta qué punto somos conscientes de cuán necesario es recuperar los valores de la infancia? Jesucristo afirmó con decisión que sólo siendo niños podríamos estar en el reino del amor, la paz y la verdad; en el Reino de Dios. Mateo 18,1-4.

Y seres luminosos como la santa Carmelita Teresita del Niño Jesús, llegaron a las cumbres de la espiritualidad por un sendero de infancia espiritual.

Dios quiera que también nosotros elijamos ese caminito arduo pero seguro, de confianza, sencillez, amor y libertad. Siendo niños somos grandes de verdad.

Nueva era

*E*s importante que le des prioridad a tu vida espiritual ya que como esté tu alma estará siempre tu vida. Y más importante aún es que cultives una espiritualidad sólida y profunda en medio de las confusiones que a tantos seducen en la Nueva Era.

Ojalá no seas uno de esos que creen más en los poderes de los cristales que en el poder de Dios. Ojalá no caigas en la moderna idolatría de las pirámides, las plantas y otros objetos vistos con un sentido mágico. Cuídate también de tragar entero todo lo que te venden sobre ángeles, regresiones y apariciones.

Al fin de siglo, ¡ironías del postmodernismo!, se le cree más a los astrólogos, los brujos y nuevos gurúes que a los pensadores serios.

Es casi un absurdo verlo, pero muchos viven hoy una espiritualidad atea en la que Dios no existe como ser de amor. Fue sustituido por la luz o la energía y ocupa un lugar secundario al lado de otros así llamados "maestros ascendidos". Muchos están cada día más lejos de Dios y más cerca del diablo.

El perdón sana

En *"La fuerza de creer"*, un libro que vale la pena leer, el sicólogo Wayne Dyer cuenta como mejoró su vida al perdonar a su padre.

Es un testimonio impactante porque cuando Wayne decidió buscar a su padre, éste ya estaba muerto. Fue entonces hasta su tumba y en un primer momento le habló, descargando una rabia contenida y tantas quejas represadas.

Luego, como él mismo lo narra, sintió una profunda compasión por ese papá irresponsable y descuidado. Aunque ya estaba muerto se puso en su lugar, pensó en el amor que ese padre no recibió de niño y no quiso y no pudo dar como adulto. Poco a poco su rabia cedió el lugar al amor compasivo y, de pronto, se sintió libre, perdonando de corazón las fallas de ese pobre papá.

Dios quiera que algún lector o lectora medite este testimonio y se abra a la acción sanadora del perdón, muy unido a Dios. Sólo podemos ser felices cuando el rencor no nos paraliza. Sólo podemos disfrutar el hoy si dejamos de amargarnos por el ayer. El perdón sincero nos llena de paz y libertad.

Dios es mi fuerza

Señor Dios, tú eres mi fuerza y mi esperanza. Eres ese apoyo que necesito cuando las crisis me azotan.

Tú, Señor Dios mío, eres luz radiante cuando avanzo por un valle de sombras y me siento desfallecer. Eres, oh Señor, mi refugio y mi fortaleza. Eres fuente de paz.

Por eso necesito caminar en tu presencia y nunca separarme de tu dulce compañía. Si, Señor, ya que siempre que las aguas amenazan con anegarme es porque estoy lejos de tí. Es por esa poca fe que tú veías en tus discípulos que la noche se hace más oscura y los fardos más pesados.

Por eso yo hago mía la súplica que ellos te hacían: "¡Señor, auméntanos la fe!". Que mi fe se vea en las buenas obras.

Oh, Dios mío, mi Señor y mi salvador, que mi único anhelo sea hacer siempre tu santa voluntad, amarte con toda el alma y amar a los demás como mis hermanos.

¡Sigue firme!

En la vida de Martin Luther King fueron muchas las tempestades que exigieron de él toda su fe y todo su coraje.

Dos veces atentaron seriamente contra su vida, una con una bomba, y otra cuando una mujer le enterró un arma cortopunzante en el pecho, en septiembre de 1958.

Creyente convencido y practicante como era, Martin Luther King se apoyaba siempre en Dios y en él encontraba energías ilimitadas para nunca claudicar.

El mismo cuenta cómo en una época de constantes amenazas de muerte para él y su familia, pensó en abandonar la lucha por la igualdad:

"Había llegado al límite de mis fuerzas, y a un punto en el cual era incapaz de avanzar sólo".

Comenzó a orar y entonces sintió la presencia de Dios, y una especie de voz interior le dijo:

"Sigue firme por lo que es justo, sigue firme por la verdad y Dios estará a tu lado siempre".

Al instante Martin Luther King dejó los temores y se sintió listo para superar cualquier obstáculo.

No juzgar

*H*acer el propósito de no juzgar por una o más horas cada día, es un medio excelente en la procura de la paz espiritual.

No se trata de acallar para siempre la capacidad crítica porque eso sería naufragar sin remedio en el océano de la ingenuidad. Se trata de crecer en comprensión y en bondad, y huir de la crítica permanente que envenena a los inconformes y los envidiosos.

La decisión de no juzgar trae paz, alegría y una benéfica sensación de júbilo interior. Si te lo propones verás como eres capaz de mirar la realidad con una actitud limpia, apacible y desapasionada. Evitas las discusiones, te interesas por entender a los demás y aceptas lo que no se puede cambiar.

Inténtalo y estarás más cerca de la paz y de la felicidad. Al desterrar el juicio exiliarás también el descontento y el pesimismo.

Toma la decisión de no juzgar, no para ver claro lo que es oscuro o ser cómplice del mal, sino para disfrutar espacios de paz y de bondad.

¡Animo! Apuéstale a la magnanimidad y vacúnate contra la mezquindad.

Despertar espiritual

*E*n muchos chistes se suele decir la frase "te tengo una noticia buena y una mala". Y eso es lo mismo que uno ve cuando analiza el despertar espirtual del ser humano cerca del año 2000.

- La noticia buena es ver a tantas personas que cuidan su fe, oran, leen libros espirituales y se acercan a Dios.

- La noticia mala es ver tanta confusión espiritual, tanto esoterismo sin fundamento, un retorno a lo mágico y a lo supersticioso, y lo peor, una espiritualidad sin Dios.

Te felicito si tu no estás en la búsqueda interior sencillamente por moda, y no te dejas manipular por un consumismo espiritual.

Te felicito si no has cambiado a Dios por los cuarzos, las pirámides, las cruces magnéticas o la última terapia sanalotodo.

Me alegra que creas en el verdadero Dios con una fe de compromiso y ajena a lo novedoso y lo sensacional. Así tu espiritualidad es sólida y no andas a la caza de apariciones y visiones, ni tragando entero todo lo que llega del oriente. Pide a Dios discernimiento y sabrás qué hacer y qué no hacer.

Nunca lastimó a nadie

*L*ouis Armstrong es considerado con razón como un genio y un virtuoso de la trompeta. Fue un genio en el jazz.

Lo recordamos por su ejemplo de disciplina, esfuerzo y superación. Arrancó de abajo y llegó bien alto. Su infancia y su primera juventud fueron ásperas, en un barrio pobre del puerto de Nueva Orleans, en medio de muchas dificultades.

Armstrong aguantó hambre, estuvo en un orfelinato, soportó estrecheces y conoció el duro rostro de la miseria. Pasó incluso por una correccional de menores, y fue allí donde un buen educador puso por primera vez una trompeta en sus manos.

Louis se entregó a la música con pasión y entusiasmo. Poco a poco creó su propio estilo y con los años llegó a ser primerísima figura del jazz. Cuando murió en julio de 1971, otro genio de la música llamado Duke Ellington, dijo de Amstrong:

"Nació pobre, murió rico, y nunca lastimó a nadie en el camino". Hermoso epitafio para cualquier ser humano.

Por sus orígenes pudo concentrarse en el mal, pero prefirió concentrarse en el bien.

Un hermano puede no ser un amigo
pero un amigo es siempre un hermano.
Franklin

El verdadero amigo se conoce
en las dificultades.
Cicerón

Cuando el ser humano deja de creer
en Dios, convierte cualquier cosa en dios.

G. Gallo

Oración y vida

*M*ás importante que decir una hermosa oración es meditarla y aplicarla a la vida. Y eso es lo que ojalá hagamos con el Padrenuestro. Cada palabra es una invitación a convertir en hechos esa fe que, por lo común, se agota en los rezos y los ritos.

- Decir "Padre" es comprometerse a vivir como hijos de un Dios amoroso, justo y universal.

- Decir "nuestro" es aceptar que Dios es Padre de todos sin distinción y, por lo mismo, abrirse a la fraternidad y a la tolerancia.

- Decir "Hágase tu voluntad" es aceptar a Dios como Señor de nuestra vida y dejarse guiar por su Espíritu Santo. Es querer lo que Dios quiere aunque nos cueste, seguros de que el amor nunca brota en el campo del facilismo.

- Decir "perdónanos así como nosotros perdonamos" implica perdonar de corazón y acabar con el odio y el rencor.

- Decir "no nos dejes caer en tentación" supone alejarse del mal, no jugar con fuego y actuar con transparencia.

En suma, las oraciones son más para vivirlas que para pronunciarlas.

Templos de Dios

*E*stés donde estés recuerda siempre que eres un ser habitado. Ten presente que Dios vive en ti, por ti y para ti. Tu alma es morada de Dios, incluso cuando la tienes sucia y en desorden. Eres templo de Dios.

Dedícate, pues, a cultivar tu vida de oración o de trato amistoso con ese Dios que es huésped de tu alma.

Para meditar necesitas ser amigo del silencio exterior y también del interior, es decir, debes aprender a acallar todas esas voces internas que te distraen y te tensionan.

Si haces de la oración una práctica diaria, guiado por buenos libros espirituales, poco a poco llegarás a ganar paz interior. Claro que para alcanzarla debes estar primero en paz con tu conciencia. Sólo los honestos están con Dios. Salmo 14.

Sé fiel a la oración y tu vida se llenará de paz, de luz y de amor. La clave está en que tu oración sea vida y tu vida sea oración.

Obras, obras, obras

*H*ay una ley espiritual según la cual ayudando a los otros aligeramos nuestra propia carga. El medio más efectivo para superar las propias penas es practicar las llamadas Obras de Misericordia.

Esas que propone el evangelio como muestra fehaciente de que amamos de verdad a Dios sirviendo a los demás:

Vestir al desnudo, dar de comer a hambriento, dar de beber al sediento, visitar a los presos y los enfermos o socorrer a los pobres. Es una fe activa que ilumina el mundo y no una fe de simples oraciones y ceremonias.

Algo que tenían muy claro santos como Santa Teresa de Jesús, a quien le gustaba repetir. "Obras, obras, obras quiere el Señor".

El mismo mensaje que acentuó Jesús al decir. "No todo el que me dice Señor, Señor, entrará en el Reino de los cielos, sino el que hace la voluntad de mi Padre celestial.

Siéntate en un lugar tranquilo, piensa qué más puedes hacer por los demás, y vive una fe de obras, obras, obras...

El alfarero

*L*a imagen del alfarero, tan bíblica, está preñada de simbolismos que iluminan la existencia. Todos somos alfareros de nuestro propio destino y de los seres que tratamos, y para cumplir bien esa misión necesitamos:

1. Aceptar el barro. En el lenguaje bíblico el barro es lo frágil, lo que no es perfecto. El alfarero es realista y trabaja con lo que tiene.

2. Modelar ese barro con amor. Así se transforma en algo bello y útil. No es a los golpes ni a las patadas, sino con cariño y entrega.

3. Transformar ese barro con paciencia. Es en un proceso que pide dedicación, como surge una linda cerámica. No es con inmediatismo.

4. Hacer una obra maestra con esfuerzo. Todo lo valioso se logra con tenacidad y compromiso, no con facilismo.

5. Armonizar suavidad y energía: tan necesaria es la firmeza como la dulzura con el barro, con las personas o con la vida.

Ojalá te sientes a meditar cómo pones en práctica las anteriores claves de acción y hagas de tu vida una obra maestra. Sé un buen alfarero, y deja que Dios te modele. Medita Jeremías 18, 1-12.

¡Sigue adelante!

Seguir adelante es la consigna que debes grabar en tu mente siempre que actúes con una conciencia recta.

Sigue adelante porque ya has aprendido que la vida nos abre una puerta donde se cierra una ventana. Sigue adelante porque siempre has podido dar otros pasos cuando creías que estabas sin fuerzas.

Sigue adelante porque Dios está contigo cuando de verdad lo invitas a tu corazón y pones tu vida en sus manos. ¡Animo!, sigue adelante como el agua que va hacia el mar, como la planta que ya duerme en la semilla, como el artista que ya ve la obra que apenas va a iniciar.

Sigue adelante recordando tus logros del pasado y pensando en tantos que vencen peores dificultades. Fortalece la fe y dale alientos a la esperanza, con la certeza de que el mañana será mejor.

¡Animo!, sigue adelante y aprende de las caídas. Tú aún no ves la luz pero la fe te llevará a esas metas que te parecen lejanas. Créelo, insiste, no te rindas y así será.

Vida espiritual

*S*i no tenemos a Dios en nuestros corazones es imposible que se lo podamos llevar a los demás, afirma Madre Teresa de Calcuta.

Y agrega: "todos debemos ser portadores del amor de Dios, seguros de que él vive en nuestra alma. Para sentir su presencia debemos cultivar la vida de oración, la interiorización y las vivencias de fe.

Unidos a Dios podemos llevar paz, amor y comprensión al mundo. No necesitamos bombas ni armas para hacerlo.

Lo que necesitamos es fuertes dosis de tolerancia, una espiritualidad profunda y muchos deseos de servir. El amor y la comprensión crecen desde adentro, si llevamos a Dios con nosotros y lo amamos de verdad.

Entonces somos capaces de ver al mismo Dios en los demás, sobre todo en los más pobres y los más necesitados".

¡Qué bueno poder aprender a amar de seres tan especiales como Madre Teresa! Ella no habla de religión, ella la vive porque ama a Dios en los demás.

Triunfo del bien

*A*unque el mal sea tan escandaloso y los medios de comunicación ayuden para que el eco resuene más, es el bien quien gana a la larga.

Esto lo tenía muy claro el gran líder Mahatma Gandhi, y por eso solía repetir:

"Cuando me siento desanimado, recuerdo que el bien siempre le ha ganado la batalla al mal. A lo largo de la historia han aparecido dictadores asesinos y seres corruptos, que se creyeron invencibles, pero siempre, siempre terminaron por caer. El bien y la verdad son los que han vencido".

¿Es esta nuestra fe? Ojalá que sí. Una fe sólida que nos anime a perseverar y a soñar con días mejores.

Una fe que nos mueva a realizar nuestros sueños y que, unida la esperanza, nos lleve a convertir muchos imposibles en posibles.

Como lo hace John Foppe, un joven norteamericano que nació sin brazos pero que con los pies escribe, maneja carro, se prepara su desayuno y hace lo que quiere.

Y algo más, recorre los Estados Unidos pidiendo ayuda para los niños pobres de Haiti. Ya ha salvado a más de 90. El bien siempre le gana la guerra al mal.

Podemos reciclar

Un informe publicado por la Revista Médica Británica asegura que los niños miopes son más inteligentes que el común de sus compañeros.

El estudio se hizo sobre un muestreo de 17 mil niños, y concluyó que el interés de los padres por sus hijos miopes es un factor que despierta una inteligencia superior.

Después de leer esta nota científica, puede uno pensar en esa ley de la vida, según la cual hay bienes detrás de los males.

Gracias a las sombras apreciamos la luz y, como afirma un dicho: "Gracias a las piedras el agua canta en el río".

Con una actitud y una acción positivas podemos reciclar y admirar los pétalos sin renegar de las espinas.

Saber vivir es tomar de la vida lo mejor y aprender a transformar en retos los obstáculos con un ánimo a toda prueba. Con el poder de la fe, la magia del amor y la energía de la esperanza, somos capaces de superar cualquier crisis.

Nada detiene a las personas entusiastas, porque con confianza y tesón siembran, cultivan y cosechan a pesar de la sequías y los tiempos adversos.

Huye del desierto

*H*ablemos de los desiertos para valorar los oasis. Según los entendidos estos son los más extensos del planeta:

1. El Sahara, en Africa, con una extensión de 9.000.000 de kilómetros cuadrados.

2. El de Arabia, en Asia, con 2.590.000 kilómetros cuadrados.

3. El de Gobi, en China y Mongolia, con un millón de kilómetros cuadrados. Pero hay desiertos más secos e invivibles que los anteriores y son los que creamos con el desamor.

Parece absurdo, pero hay quienes soportan relaciones muertas debido al orgullo y al egoísmo. Relaciones áridas y sin vida sostenidas por la inercia, mantenidas por la costumbre y apoyadas en las apariencias.

Relaciones enfermizas que deben tener dos salidas: o acabarlas o renovarlas buscando ayuda. Dios quiera que centrados en Ser más que en tener, elijamos amarnos y amar para hacer de la vida un oasis de paz.

Es de locos crear infiernos de egoísmo en lugar de crear el cielo con el amor. ¡Animo! elige vivir y huye del desierto del egoísmo.

David y Goliat

Cuando el pequeño David se enfrentó al gigante Goliat todos presagiaban una derrota cantada. Pero David, además de su ánimo y su entusiasmo, contaba con un poder especial: el poder de Dios.

Y David ganó el combate porque las victorias dependen de la estatura del alma y no de la estatura del cuerpo. Lee el capítulo 17 del primer libro de Samuel.

Las victorias sobre el mal, las crisis y los problemas dependen del estado de nuestro espíritu. Un espíritu que nos conviene alimentar a diario con la oración sincera, con buenas lecturas y con el encanto de los valores.

La gran urgencia para todos es hacer a diario "aeróbicos espirituales" en el gimnasio del alma. Todo mejora cuando asumimos el compromiso diario de orar, meditar y cuidar el alma. Así, unidos a Dios, vencemos el mal como David y no sufrimos por andar en un serio eclipse espiritual.

Inteligencia emocional

*U*no de los libros de más venta en Estados Unidos, Canadá y otros países, invita a un gran cambio en la valoración propia y ajena. Se titula *Inteligencia emocional* y supone una recuperación de nuestra dimensión afectiva.

Nos ahogamos en una sociedad en la que pensamos poco y sentimos menos. Una cultura que ha supravalorado la razón en detrimento de lo espiritual y lo emocional.

Pero el mundo avanza y, aunque los pesimistas no lo crean, se está acabando el reinado de la diosa razón. Ya hay empresas que realizan test emocional a sus empleados y cada día le dan más importancia a este campo.

Saben que sin equilibrio emocional de poco sirven los títulos y los muchos conocimientos. No quieren más doctores y peritos esclavos de la ira, el egoísmo, el sexo, el alcohol o la droga. Sí, más que datos necesitamos amor, más que saber mucho, nos hace falta sentir mucho. Lo que necesitamos es inteligencia emocional.

Espacios de paz

Es bueno recordar que en occidente casi no utilizamos el hemisferio cerebral derecho. Es el hemisferio de la intuición, la creatividad, la imaginación, la fantasía y la interiorización.

Por eso nos tensionamos tanto al reducir nuestra vida al campo de lo racional, el cálculo y los análisis. Nos conviene crear espacios de silencio relajante y de soledad creativa y meditativa.

No es fácil en un mundo de tanto acelere y tan consumista, pero cada día son más los que se cultivan espiritualmente.

Si tú te amas un poquito dejas de vivir en función del dinero o el poder, y pones la paz interior como una prioridad. Tomas la decisión de quererte, de cuidar tu alma, de dedicar tiempo a tus seres queridos y de no ser esclavo de lo material.

Te regalas espacios de silencio y relajación y poco a poco llenas tu vida de calma. ¡Animo! Elige vivir en lugar de morir. No te suicides lentamente.

Para meditar

Vivimos rodeados de milagros y podemos permanecer motivados al valorarlos pero sin acostumbrarnos a ellos.

Uno de esos milagros es poder aprovechar la sabiduría de los mejores pensadores gracias a la imprenta o la informática. Sí, es un milagro poder revivir y meditar las siguientes máximas como si el ayer fuera hoy:

- Si no quieres que se sepa, no lo hagas. Proverbio chino.

- Cometer un error y no corregirlo es cometer otro error. Confucio.

- Los que creen que el dinero lo hace todo, suelen hacer cualquier cosa por dinero. Voltaire.

- Si no actúas como piensas, vas a terminar pensando como actúas. Blas Pascal.

- Tiene derecho a criticar quien tiene un corazón dispuesto a ayudar. Abraham Lincoln.

- El orgullo divide a los hombres, la sencillez los une. San Vicente de Paúl.

- Sólo creamos cuando creemos. Keyserling.

- Es una locura amar, a menos que se ame con locura. J. Thier.

Dios y los ángeles

Cuentan que cuando Dios estaba creando el mundo le dijo a los ángeles que iba a hacer a alguien a imagen y semejanza suya.

Dijo que iba a crear un ser maravilloso dotado de libertad, y que le sugirieran dónde debía esconderse para que lo valorara al tenerlo que buscar.

Un ángel le dijo que se escondiera en lo profundo del mar, pero Dios dijo que el ser humano era inteligente y un día iba a conquistar las profundidades marinas.

Otro ángel le dijo que se escondiera en lo más hondo de la tierra porque allá el hombre difícilmente iba a poder llegar.

El Creador afirmó que la criatura era tan capaz que también iba a penetrar hasta lo más profundo de la tierra.

Sugirió luego otro ángel que se perdiera en el espacio sideral, prácticamente inalcanzable. Y Dios dijo que el hombre también iba a conquistar el espacio.

Un angelito sugirió, entonces, que se escondiera en el corazón ya que el hombre lo buscaría más afuera que adentro. Y Dios dijo: "Así es, ahí me voy a quedar". Y allí está desde siempre y por siempre.

Presencia de Dios

*L*os que trataban a Madre Teresa de Calcuta se asombraban de la energía que desplegaba y transmitia.

Cuando le preguntaban cómo se sentía tan vital, no obstante los años y sus quebrantos de salud, ella se remitia a Dios. Sus fuerzas las hallaba en la comunión diaria con Cristo, como Pan de Vida, en la oración y en la presencia de Dios.

Madre Teresa, como todos los buenos creyentes de todas las religiones, afirmaba convencida:

"Tengo siempre presente al Señor, con él a mi derecha no vacilo".

Confesión que cambia la vida cuando es una convicción y una vivencia constante. La clave está en una permanente presencia de Dios para así dar buenos frutos de amor. ¿Los ves? De ti depende dedicar buen tiempo a lo espiritual para estar bien.

Es cuestión de ser fiel a prioridades en un mundo vacío. Ojalá puedas decir "tengo siempre presente al Señor..."

Dios y la luciérnaga

Cuenta la leyenda que mucho tiempo después de terminada la creación, el Buen Dios volvió a la Tierra en plena primavera. Los campos estaban verdes, los jardines florecidos, los árboles celebraban su nuevo nacimiento y todos los animales mostraban su felicidad. el Buen Dios se extasió con la variedad de aromas y colores y se adentró en un bosque lleno de frescura y belleza, mientras el sol pintaba el horizonte en el atardecer.

De pronto, vió en el suelo, sobre una hoja, a un animalucho gris que exhibía su tristeza en medio de semejante fiesta. El Buen Dios sintió compasión por ese bichito que era el único que no participaba del festejo primaveral. Lo recogió y lo puso en la palma de su mano bendita.

"Vive, vuela y alégrate, ya que la primavera también resplandece para tí", dijo el Buen Dios y sopló sobre él. Apenas sintió el aliento divino, el animalito se llenó de luz, se transformó y revoloteó en medio de hermosos destellos. Desde entonces la luciérnaga ilumina en medio de los bosques, y regala a todos la luz de una estrellita encerrada en su pequeño envase de cristal.

Toma conciencia
que eres un milagro
y harás muchos
milagros en la vida
~ g.gallo

Escribe los elogios en el bronce
y las injurias en la arena.

Galileo Galilei

La venganza nos iguala con el enemigo,
sólo el perdón nos coloca por encima.

Franklin

Tercera Parte

Valores

Excelencia

*L*as siguientes son algunas de las expresiones favoritas de las personas mediocres:

Casi, de pronto, me gustaría tal vez, es muy difícil, quien sabe, no creo que se pueda, no tengo suerte, la culpa es de otro, es que...

Personas que siempre están "out" por ser "in": inseguras, incapaces, inconstantes e inconscientes. Creen que no pueden y, por supuesto, no pueden. Piensan que es imposible y, lógico, todo les resulta imposible.

Recogen lo que siembran y atraen con su mente negativa esos males y esos problemas que están esperando.

Cuídate tú de ser un mediocre porque mediocres serán tus sueños, mediocres tus esfuerzos y mediocres tus resultados. Cuenta tus dones, cree en Dios y en tí mismo, piensa en lo mejor, lucha por lo mejor y paso a paso obtendrás lo mejor.

En lugar de excusas la vida te pide compromisos, en lugar de culpas te pide responsabilidad y en lugar de negativismo te pide fe y entusiasmo. Elige perseverar antes que renunciar. Elige VIVIR.

¡Elige ser excelente! Y repite: Puedo, soy capaz, lo voy a lograr, depende de mi, quiero!

Fortaleza

Cuando estés en la noche oscura del sufrimiento no culpes a Dios, no te culpes a ti mismo, ni culpes a los demás.

En lugar de ahogarte con la culpa fortalece tu espíritu con la oración, con buenas lecturas y con el apoyo de quienes te aman.

No te concentres únicamente en tus penas y valora todo lo bueno que aún puedes disfrutar. Si no te dejas vencer por el desespero serás capaz de luchar, como lo hacen tantos que están en peores situaciones.

Por eso te conviene mirar hacia abajo y darte cuenta de que otros sonríen sin pies cuando tu lloras por no tener zapatos.

Hay penas que nos parecen insufribles pero paso a paso vamos saliendo adelante si avivamos la fe y la esperanza. Nos pasa como al alpinista que ve la cumbre lejana, pero poco a poco sus bríos lo llevan hasta arriba.

Dios nunca te abandona y está allí contigo aunque a veces no lo sientas. Sigue adelante y verás cómo puedes más de lo que crees.

Amor comprometido

*S*aber es vivir es aceptar procesos, perseverar y avanzar por etapas. Saber vivir es cancelar una visión mágica en la vida y en el amor.

Es inmunizarse contra el facilismo y el inmediatismo dominantes en la sociedad del confort y los valores invertidos. Facilismo e inmediatismo que acaban con el amor porque ni siquiera le permiten crecer, madurar y fortalecerse en las crisis.

Eso que muchos llaman hoy amor es un afecto de invernadero, es un cariño tan endeble como el carácter de los niños sobreprotegidos.

El amor de muchos se acaba como se acaba la salud de los niños mimados, que ante el primer problema se refugian donde la mamá protectora o buscan la droga como evasión. Y la razón está en que se confunde el amor con el sentimentalismo y con la ausencia de conflictos. Esa es la visión mágica de los facilistas, los enemigos del compromiso y los que todo lo quieren ya, sin procesos.

Y es también la actitud mágica de los que cren que los problemas los arregla el tiempo o se acaban con un rezo o un talismán. Cerca del año 2000 aún hay quienes creen en la lámpara de Aladino.

Sencillez

*D*el pensador Edgar Fauré es el siguiente dicho, que ojalá fuera colocado en un lugar bien visible en esas empresas o instituciones en las que los de arriba tienen "complejo de dios".

"No es suficiente combatir la ignorancia de los ignorantes. Es preciso también y en primer lugar, combatir la ignorancia de los que saben muchas cosas, y en especial de los que creen saberlo todo".

Frase muy apropiada para tantos que se creen intocables por sus títulos, por un cargo o por su experiencia en un puesto.

Personas arrogantes, con un ego faraónico y que, como canta Alberto Cortez, se creen "pluscuamperfectos sobre todos los demás".

Personas que se hacen odiosas y al final acaban siempre mal. Víctimas de su soberbia y su intransigencia.

Cuanta falta les hace aprender de líderes que se hacen querer y que logran lo mejor con el encanto de su sencillez.

Si tú estás en un pedestal con "complejo de Dios", lee la Biblia y haz un curso intensivo de humildad antes de caer.

Recuerda que "Ante Dios hay muchos últimos que serán primeros y hay muchos primeros que serán últimos".

El rey astuto

Se cuenta que un rey llamó a uno de sus cortesanos, le entregó un papel con unos versos y le advirtió:

- Recibí hace unos minutos esta poesía y me parece una tontería. Quiero que la lea y me dé su opinión.

El cortesano, después de leerla, estuvo de acuerdo con el rey:

- Tiene razón, Majestad, es una tontería.
- Creo que su autor es el mayor imbécil que he conocido, añadió el rey.
- Es lo más probable, Majestad.
- Pues sepa su señoría que el autor soy yo.
- Le ruego que me lo deje leer de nuevo, dijo el cortesano, lo he hecho muy a la ligera.
- No se preocupe, respondió el monarca. Ha tenido usted la ocasión de decirle a su rey la verdad y lo ha hecho. ¿Acaso quiere ahora decirme una mentira?
- Perdón, Majestad, perdón.
- Perdóneme usted a mi por la forma desleal a través de la cual he sabido la verdad. Después de todo, a los gobernantes nos cuesta mucho llegar a la verdad.

NOTA: No sólo a los gobernantes...

Labor de equipo

ndrew Carnegie ha sido uno de los multimillonarios más famosos del mundo. Nació en Escocia, se crió en los Estados Unidos y murió en 1919.

Dos anécdotas reflejan bien su proverbial generosidad y su capacidad para reconocer sin envidia los talentos de los demás:

A Carnegie le fascinaba ayudar a otros y facilitarles el camino del éxito. Tanto que unos 30 colaboradores suyos también se hicieron millonarios.

Cuando le preguntaban el secreto de su éxito, afirmaba: "He sabido elegir a mis colaboradores y hemos hecho una excelente labor de equipo".

En cierta ocasión le preguntaron qué epitafio quisiera llevar sobre su tumba y dijo que le gustaría este: "Aquí yace un hombre que supo rodearse de otros hombres más capaces que él".

Y si le hablaban de su inmensa riqueza decía: "Sólo soy un pobre bienhechor de la humanidad. De ese tipo de pobreza que sólo conocen los que saben invertir su dinero en el bien de los otros".

Hoy, nada nuevo

Una de las anécdotas más interesantes de la historia nos remonta al reinado de Luis XVI en la Francia del siglo dieciocho.

El 13 de julio de 1789 el intendente de París fue al palacio de Versalles y el soberano le preguntó que noticias tenía de la capital.

- ¿Qué me cuentas de París?
- Todo bien, Majestad.

Por la noche el rey escribió en su diario: "Hoy, nada nuevo" y se acostó a dormir despreocupadamente. A la mañana siguiente lo despertaron para avisarle que el pueblo enfurecido había tomado la Bastilla.

- No puede ser, negó el rey.
- Todo París está en armas y alborotado, le dijeron.
- Luego, entonces, se trata de una revuelta.
- No señor, es más que una revuelta; es la revolución.

Evidentemente el rey Luis XVI nunca creyó que aquello fuera posible. Después murió guillotinado. ¡Ah, cuán fácil es vivir fuera de la realidad, sobre todo cuando el poder y el orgullo nos ciegan!

El barro afuera

Uno de los mejores medios para afianzar valores es el ejemplo de personas que los viven y cuya vida nos atrae.

Por eso es tan importante acercarse a través de los libros a personajes de la historia como el literato alemán Goethe.

En su casa estaba terminantemente prohibido hablar mal de los ausentes. Goethe no lo toleraba. Si alguno se atrevía a insinuar algo en este sentido, el poeta le imponía silencio en seguida: "No, aquí no. Si les gusta el barro, llenen de barro su casa; la mía, no".

Goethe, por otra parte, sabía elogiar y una vez que viajaba por Italia, una princesa romana le pidió un autógrafo.

El poeta le dijo:
- Hágame una pregunta y se la contestaré.
La princesa le mandó el álbum con la siguiente pregunta:
- Si no fuera Goethe, ¿quién le gustaría ser?
- Aquí en Roma, su príncipe, contestó el escritor.

No hablar mal de los ausentes y estimular a los demás son dos buenas decisiones para convivir en armonía.

Sabiduria

*E*l maestro y filósofo chino Lao-Tse vivió en el pueblo de Khun, donde todos lo apreciaban y lo buscaban en busca de consejo.

El decidió alejarse de allí y vivir más tranquilo en un lugar donde nadie lo conociera. Cerró su casa y se marchó sin despedirse de nadie.

Caminaba muy ensimismado meditando, cuando mucho tiempo después, al volver la cabeza, se llevó una gran sorpresa: los habitantes del pueblo lo seguían a lo lejos.

Lao-Tse los esperó, les preguntó qué querían de él, y le respondieron casi en coro que sus sabios consejos. Entonces se sentó sobre una piedra alta y les dijo:

"Amigos míos si practican lo que les voy a decir no necesitarán más consejos. Todo está en su interior. Empleen bien la memoria y el olvido: que la memoria les sirva para recordar lo bueno y para olvidar todo el mal que les hagan. Sólo tienen una misión con los demás en la vida y es la de amar a los otros; y un deber con ustedes mismos: es el desapego. Todo lo demás es fantasía".

Lao-Tse recalcó bien lo anterior, siguió su camino y nadie lo siguió. Les había dado la mejor lección de sabiduría.

Cerdo, hiena y avestruz

Un amigo fue a visitar al extraordinario dramaturgo noruego Enrique Ibsen y vio algo curioso sobre la mesa de trabajo del escritor.

Allí reposaban distintas figuras de animales en bronce, entre ellas las de un conejo, un león, un gato, un asno, un perro y otras más.

- Bonita colección. ¿Te gustan mucho los animales?
- Más bien los necesito, contestó Ibsen.
- ¿Necesitarlos, para qué?
- Para trabajar. Los tres que ves ahí son los protagonistas de lo que estoy escribiendo ahora y me inspiro mejor si los veo constantemente.

El dramaturgo señaló un avestruz, un cerdo y una hiena que tenía apartados del resto de la colección. Y agregó:
- Son dos hombres y una mujer. El cerdo y la hiena son los hombres y la avestruz es la mujer. ¿Te das cuenta del drama?

Trata de imaginarte algunas personas que conoces: un hombre que actúe como un cerdo, otro que parezca una hiena y una mujer que se comporte como un avestruz. Hazlos vivir juntos en determinadas circunstancias y verás como surge el drama.

Dos asnos

Qué bueno sería que en un mundo, por lo común tan vacío, volviéramos a la sabiduría de los grandes filósofos.

Acercarse a seres como Sócrates, y meditar en una vivencia como la que le sucedió al maestro con un rico ateniense. Dicho hombre llegó donde Sócrates con su hijo, y le pidió que se encargara de la educación del muchacho.

El filósofo le dijo que le cobraría quinientas dracmas. Al rico le pareció mucho dinero:

- ¡Es mucho dinero! Por esa cantidad podría comprarme un asno.

- Efectivamente, le aconsejo que lo compre, dijo Sócrates. Así tendrá dos.

En otra ocasión un opositor suyo le dio un puntapié y el filósofo siguió su camino sin protestar. Cuando le preguntaron por qué no acusaba al ofensor ante los jueces, Sócrates respondió:

- Si un asno me hubiera dado una coz, ¿acaso debería llevarlo ante el juez? Pues esto es lo que ha ocurrido.

Ingenio y buen humor

*E*l escritor español Francisco de Quevedo brilló por su ingenio y su buen humor. Dos valores que a todos nos conviene cultivar.

Cierto día el rey Felipe IV le pidió que improvisara una cuarteta y Quevedo con su agilidad mental le dijo:
- Dadme, Majestad, un pie.

El Rey desde su trono le alargó jocosamente un pie. El poeta sostuvo con sus manos el pie del soberano y le improvisó estos versos:
- En semejante postura dais a comprender Señor, que yo soy el herrador y vos la cabalgadura.

Es famosa esta otra anécdota: Quevedo apostó con unos amigos a que era capaz de mencionar la cojera de la reina.

Aprovechó una recepción que se ofrecía en el palacio y le ofreció a la esposa de Felipe IV dos hermosas flores, mientras le decía:
- Entre el clavel y la rosa, Su majestad escoja.

Quevedo ganó la apuesta. Y lo recordamos para valorar el buen humor en el camino de la vida. Es un regalo para el espíritu y un aliado en la adversidad.

¿Qué vale más?

*H*ay quienes aman más a los animales que a las personas, en un mundo lleno de pobres, de niños sin hogar y de ancianos sin amor.

Son muchos los que gastan en animales el dinero y las energías que demandan millones de sufridos seres humanos.

Es cierto que hay que querer a los animales, pero no hasta llegar a extremos como los del escritor británico Lord Byron.

Se embarcó una vez con su inseparable perro y saliendo del puerto el animal saltó al agua. Entonces Byron le gritó al capitán: "¡Pare el barco! ¡Salve a mi perro!".

El capitán dijo que no podía parar un barco tan inmenso por un perro y que eso sólo se hacía por una persona.

¿Por un hombre sí? -dijo el escritor- y se echó al agua, nadó hacia el perro, arriesgando la vida. El barco tuvo que detenerse y recogerlos a los dos.

Se sabe que después, cuando ese perro murió, le puso una lápida con este epitafio:
"Aquí yace una criatura bella sin vanidad, fuerte sin insolencia, valiente sin ferocidad y que tuvo todas las virtudes de los hombres sin tener ninguno de sus defectos".

Dando, recibimos

El científico Luis Pasteur anduvo siempre escaso de dinero para sostener el Instituto de investigación que creó.

Un día acudió donde una señora Bondicant, dueña de una gran cadena de almacenes, para pedir su apoyo. Pasteur era ya un anciano de apariencia humilde. La señora lo recibió y el investigador le expuso el motivo de su visita.

Al final la dueña de casa le dijo lo que tantas veces se dice en estos casos:

"Ya he distribuido mis limosnas entre mucha gente que pide. Usted perdone, de todos modos le daré algo para su obra".

La señora salió y regresó con un cheque firmado. Pasteur miró antes de dar las gracias y se quedó asombrado. El cheque era por un millón de francos.

Entonces, fue la señora la que se adelantó y le dijo: "¡Gracias, profesor, por acordarse de mi! ¡Gracias por darme la oportunidad de compartir!".

Excelente lección: cuando damos, los más beneficiados somos nosotros mismos. Alguien nos permite servir, crecer en el amor y alcanzar felicidad.

El pintor Rafael

Del genial pintor italiano Rafael hay una anécdota muy oportuna para los que son graduados en criticar y encontrarle defectos a todo:

El Vaticano le había encargado un cuadro de La Transfiguración, y dos cardenales se acercaron a criticar detalles de la obra, entre ellos el color de los rostros.

Al pintor le disgustaba que quienes no conocían de pintura emitieran juicios desfavorables, y se presentó entonces este diálogo:

- Los rostros de San Pedro, Moisés y Elías, son demasiado rojos, decía un cardenal con aires de superioridad.

- Efectivamente, así están, respondió Rafael.

- ¿Así están? ¿Dónde?

- ¡En el cielo! Están allá rojos de vergüenza de que la Iglesia tenga cardenales tan ignorantes y tan soberbios.

Buena historia que ojalá nos mueva a cancelar la crítica malsana. Es justo rechazar lo que está mal, pero la vida se llena de hiel cuando nos dedicamos a destacar sólo lo negativo.

Historia de cangrejos

*C*on buen humor se curan muchas dolencias del alma, se iluminan las mentes y se mejoran las relaciones.

Por eso les cuento que una cangrejita salió a pasear a la playa y de pronto se llevó una grata sorpresa: alcanzó a ver a un cangrejo bien "bizcocho" que venía hacia ella no andando para atrás sino para adelante.

El corazón le comenzó a latir más de prisa y la cangrejita se dijo para sí misma:

¡Uf, este es mi cangrejo! Diferente, original y, sobre todo, 'echao pa'lante' con su cuerpo de película.

La cangrejita se le declaró y se casaron de una, como acostumbran los cangrejos.

Al otro día salieron a la playa y -¡oh decepción!- la cangrejita vio con desconsuelo que su galán empezó a caminar para atrás.

- Mi amor -le dijo-, ¿Cómo es que va de para atrás si lo que más me atrajo de usted es que era distinto y 'echao pa'lante'?

- ¿Y usted qué quiere, mi vida? -respondió el cangrejo. ¿Usted quiere que yo me emborrache todos los días, o qué?

Quiero... lucho... puedo

Aunque usted no lo crea, la jinete australiana Wendy Schaeffer montó con una pierna fracturada y ganó oro en los Olímpicos de Atlanta en 1995.

Y su compatriota Gilian Rolton cayó en la prueba de campo traviesa, y se fracturó dos costillas y un hueso del cuello. La equitadora volvió por su cabalgadura, montó y, quien lo creyera, terminó la prueba.

Pero hay algo más: la gimnasta Kerri Strug aseguró la primera medalla de oro olímpica de un equipo de gimnasia de los Estados Unidos. ¿Cómo lo hizo? Lo logró superando la agonía de un salto con el tobillo lesionado. "Lo haré, lo haré, lo haré", se repetía, mientras corría a pesar del intenso dolor.

Estos tres casos son el mejor ejemplo de esa tenacidad, ese compromiso y esas ganas que empujan a los buenos deportistas y a las personas excelentes.

Están tan entregados a su misión que incluso bloquean el dolor: "La ventaja mental es la que te convierte en ganadora", dijo una de ellas.

El sapo envidioso

En el lago Titicaca, a 3.800 metros de altura, que une en toda su extensión a Bolivia y a Perú, habita una curiosa especie de sapos.

Son sapos gigantes, de tosca apariencia, que salen de noche a inflarse y a hacer su concierto.

Cuenta el excelente amigo y conferencista mexicano, Miguel Angel Cornejo, que de paso por allí imaginó esta interesante fábula:

Está uno de esos sapos muy orondo y arrogante en las orillas del lago, sintiéndose el amo del mundo a semejante altura.

Además está tan inflado como el Super Ego de algunos que ven chiquito a Dios y tienen diploma de excelencia en soberbia.

El sapo ve que cerca de él brilla una luciérnaga y lleno de envidia espera que se le acerque. Cuando la luciérnaga se acerca, el sapo la aprisiona con una de sus patas para matarla.

- ¿Por qué me vas a matar?, pregunta la luciérnaga.
- Porque brillas, responde el sapo mientras la aplasta. ¡Ojo! No seas sapo.

El hombre sin cabeza

*E*n cierta ocasión el gobierno francés le encargó al escultor Auguste Rodin una estatua para la embajada en Italia.

El maestro aceptó el encargo, se dedicó a trabajar, esculpió un hombre sin cabeza y le puso por título *El hombre que anda*.

El ministro de Bellas Artes no estuvo conforme con la obra y dijo que esperaba algo alegórico al lugar y a su función.

"Señor ministro", dijo Rodin, "esté seguro de que un hombre sin cabeza es el símbolo perfecto de la diplomacia y de la política".

Y a pesar de las protestas del ministro, la estatua del gran maestro fue aceptada. Estatua de un hombre sin cabeza que es también el símbolo de tantos que no reflexionan y actúan sin consciencia.

¿Será esa estatua el símbolo de tu vida? O será otra peor: ¿Una estatua sin cabeza y sin corazón?

El símbolo frío de una vida sin reflexión y sin sensibilidad, focalizada sólo en tener más y no en AMAR MAS Y MEJOR.

Humor religioso

*M*e encantan las historias con humor religioso ya que en tantos ambientes sagrados lo que más escasea es el buen humor.

Se cuenta que en cierto pueblo vivía un predicador, (da lo mismo que sea sacerdote o pastor), poco apreciado por los fieles debido a su mal carácter.

Un mal día se enfermó y, como en una pequeña localidad el líder espiritual es un personaje, se fijó éste aviso en la puerta del templo:

9:00 de la noche. El predicador John está muy enfermo.

Una hora después el aviso se cambió por este otro: 10:00 de la noche. El predicador John está grave.

Luego, en el aviso se podía leer: 10:30 de la noche. El predicador John ha entrado en agonía.

Más tarde se fijó el último aviso con este letrero: 12:00 de la noche. El predicador John ha subido al cielo.

Para sorpresa de todos, a la mañana siguiente, un bromista había colocado el siguiente aviso:

Cielo. 7:00 de la mañana. Hay consternación general: el predicador John no ha llegado.

Metas

$\mathcal{U}$na de las claves del éxito consiste en elegir bien las metas y orientarse hacia ellas con entusiasmo y fortaleza. Lo grave es que son pocas las personas que tienen metas a corto y largo plazo. Muchos van a la deriva, sin objetivos claros. Su vida carece de ideales y, por lo mismo, de significado. Se contentan con vegetar, acumular y enredarse en lo superficial.

Por otra parte están aquellos que sí tienen metas pero mal elegidas, porque su afán no está en SER más sino en TENER más. Por eso es tan valioso definir bien las metas ya que ellas le dan un sentido a la vida y son una fuerza que nos lleva hacia arriba y hacia adelante.

El gran siquiatra austríaco Víctor Frankl descubrió en un campo de concentración que sólo los que tenían ideales lograban sobrevivir. Por el amor a su esposa, su fe en Dios y sus ganas de servir, él fue capaz de salir con vida de semejante infierno.

También tú podrás avanzar si el amor te guía para elegir bien tus metas y luchas por alcanzarlas con fe y tesón.

Coraje

*H*ace años la palabra resignación estuvo de moda y era uno de los valores más promocionados.

Tanto que todavía sufrimos los efectos negativos de la cultura del aguante y de una mal llamada bondad, ingenua y acrítica.

Por aguantar hasta lo indecible es que los bobos son manejados por los vivos y los politiqueros hacen de las suyas.

Por esa resignación es que las mujeres masoquistas quieren tanto al papito lindo que las golpea y las hace sufrir.

Por ese aguante ingenuo es que nunca tocamos fondo y la indiferencia nos impide actuar con coraje y decisión. Bastante falta nos hace un curso intensivo y acelerado de firmeza.

Esa misma que tuvo Moisés para enfrentarse al faraón, que animó a David para luchar contra el rey Saúl y que tuvo Jesús para denunciar a los fariseos.

El vocablo griego de la Biblia para esa firmeza de carácter es *parresia* y sin este valor nos esperan años y años de corrupción, violencia y miseria. ¿Será que nos resignamos a soportarlas?

Pidamos a Dios coraje. Así cortamos los males de raíz sin dejar que se conviertan en un fuerte roble. ¡Que el pesar no nos convierta en cómplices!

Realismo

*H*ay un dicho muy conocido según el cual un optimista inventó el avión, un pesimista no lo usa y un realista se sube en él con paracaídas.

La persona realista sabe equilibrar los sueños del optimista con la prevención del pesimista. La persona realista piensa en lo mejor y lucha por lo mejor, pero acepta que los fracasos forman parte de todo proceso.

En todo nos conviene actuar con realismo y en especial en nuestras relaciones amorosas y sociales. No contar con imponderables ni presupuestar crisis sería como practicar un deporte queriendo ganar siempre.

Las derrotas también nos enseñan valiosas lecciones y casi siempre aprendemos más de las caídas que de los triunfos. En el deporte los ejemplos son constantes, como lo cuenta el gran atleta Carl Lewis, cuyos inicios fueron bien desalentadores.

Sólo que él supo insistir, se comprometió en su carrera y no se dio por vencido. Fue realista como ojalá lo seamos nosotros siempre. Es de sabios contar con las crisis y aprender de ellas.

La medida del amor
es amar sin medida
San Agustín

Con el amor al prójimo el pobre es rico.
Sin el amor al prójimo el rico es pobre.
San Agustín

Somos frágiles
y vivimos entre
seres frágiles;
sólo una virtud
puede darnos armonía:
La tolerancia.

Séneca.

Aceptemos a los demás como son
y no como creemos que deberían ser.

Shubert

Autoestima

*S*i tu autoestima está en uno sobre diez, sólo sabes ceder y decir sí y buscas complacer a todos, medita en este pensamiento: "Hay una cosa que ni siquiera Dios puede hacer y es agradar a todo el mundo". Anthony de Mello.

Si quieres sigue con tu papel de mártir o de víctima, no te valores y sirve de cojín para que todos se recuesten. Luego quéjate de los demás porque nadie te compadece a tí que eres el bobo, perdón, el "bueno" del paseo.

Pero sí lo deseas comienza a quererte, hazte respetar, di NO cuando sea necesario y ámate para poder amar y ser amado. No pretendas agradar a todo el mundo y piensa en tí mismo, convencido de que eso no es egoísmo sino autoestima.

Tienes derecho a ser feliz mientras no hagas infelices a los demás. Tienes derecho a disfrutar la vida.

¡Ojo! Dios no quiere que seas infeliz por hacer felices a otros. Dios quiere que ames a los demás como a ti mismo. ¿Cómo podrás amarlos si te menosprecias? Amate y ama.

Generosidad

*L*a vida es un ciclo armónico entre el dar y el recibir. Mientras más das más recibes, si das con alegría.

El placer de dar nos introduce en la corriente inextinguible del amor. Un amor que nos mueve a dar y a darnos sin medida y a vivir unidos.

En el flujo generoso del dar y del recibir hallamos nuestra felicidad buscando la felicidad de los demás. Y la clave está en enseñarnos a dar siempre algo a los otros, conscientes de que es mucho lo que podemos ofrecer.

Toma hoy la decisión de dar siempre algo a cada persona que te encuentres y tu vida se llenará de amor y de alegría. No se trata de dar cosas sino de regalar tiempo, una sonrisa, un abrazo, una flor, una tarjeta, un estímulo, una oración.

Ora hoy por 3 personas que trates o que veas y ese don silencioso te dará felicidad. Es un excelente modo de amar sin interés.

En saber dar y saber recibir está uno de los principios de la paz interior que anhelas y que es fuente de felicidad. Como decía Jesucristo: "Hay más alegría en dar que en recibir".

Reflexión

*P*ascal fue demasiado optimista cuando describió al ser humano como una caña pensante, es decir, como un ser racional.

Ojalá fuéramos racionales y dedicáramos buenos momentos del día a reflexionar para evitar torpezas e insensateces. No señor, la triste realidad es que son muchos los que se mueren sin estrenar el cerebro y actúan como puros irracionales.

Y para comprobarlo no es sino adentrarse en el inquietante espacio de eso que suelen llamar amor sin serlo. ¡Cuantas locuras causadas por hombres dominados por el sexo y por mujeres prisioneras de sus emociones!

Se enamoran, ¡qué fácil es enamorarse!, se autoengañan, se creen sus fantasías y ya muy tarde no saben cómo salir de sus pesadillas. Una de sus frases favoritas para lograrlo es "démonos tiempo". ¡Pobres ilusos! Como si el tiempo cambiara la personalidad.

Se vuelven a juntar y, claro, pasados unos días dulces ven que todo está igual o peor. ¡Ah, cuán pocos son los que piensan para amar! La mayoría llaman amor a algo fácil, superficial y egoísta.

¡Amate y dedica tiempo a la meditación!

Amar para vivir

Un hecho bien curioso es que ya han estudiado cuál es la capacidad de resistencia del ser humano en varios campos: una persona puede vivir hasta 5 semanas sin alimento, 5 días sin agua y 5 minutos sin aire.

Son datos llamativos, pero lo importante sería que tomáramos consciencia de que no podemos vivir ni 5 segundos sin amor. Estamos vivos gracias al amor de Dios, de nuestros padres, nuestros seres queridos y nuestros amigos.

Estamos vivos gracias al amor de todos aquellos que antes vivieron y ahora viven para servir: inventores, científicos, poetas, músicos, benefactores de la humanidad, líderes espirituales. Y también estamos vivos gracias a la madre tierra, la Pacha-mama que nos regala sus tesoros aunque la maltratemos tanto.

Sin amor vegetamos pero no vivimos. Sin amor deambulamos como fantasmas en un mundo de sombras y pesares. Por lo mismo, cada día debemos mejorar la calidad de nuestro amor a Dios, a nosotros mismos y a la naturaleza. Ahí está la vida.

Actitud positiva

*N*ormalmente encontramos dos clases de personas en la vida:

1. Las que siempre esperan lo peor en cualquier situación.
2. Las que imaginan lo mejor y esperan lo positivo.

¿En cuál grupo estás? ¿Con los pesimistas o con los optimistas? Ojalá seas de aquellos que cuando se proponen algo bueno comienzan a generar ideas para ver cómo se pueden realizar.

En efecto, es desesperante tratar a los que buscan razones y sinrazones para mostrar que algo no se puede hacer. Ojalá un día lluvioso sea para tí un día diferente y no un día terrible, ojalá veas en cada obstáculo un desafío y no un problema.

Está demostrado que atraemos lo que pensamos. De ahí que sí esperas lo peor vas a encontrarlo. Elige concentrarte en lo positivo. Pobre de tí si en cada heridita ves ya una hinchazón, en cada resfriado una pulmonía y en cada llovizna una tempestad.

Ten presente que el optimista siempre gana ya que suponiendo que las cosas se agraven, él no anticipa su dolor ni su angustia. Elige contemplar la cara risueña de la existencia.

Autocontrol

*S*i te ofuscas con facilidad es bueno que te sientes a examinar las fuentes de tu irritabilidad.

Identifícalas y haz un programa evaluable para controlarlas en un proceso diario. Verás cómo logras progresos notorios. Estas son las causas más frecuentes:

1 EGOISMO. Chocas con otros porque quieres que siempre se haga tu voluntad. Aprende a ceder y a valorar a los demás.

Toma la decisión de escuchar a los otros y ponte en su lugar. Siendo tolerante evitarás discordias y heridas.

2 ORGULLO. Es grave que te creas más que nadie, que no aceptes tus fallas y que maltrates con tu arrogancia.

Pide a Dios sencillez, haz una lista de todo lo que ganas siendo humilde, y esmérate por desterrar la soberbia.

3 PERFECCIONISMO. Es causa de continuas peleas porque no cuentas con los errores y buscas en todo calidad total.

No señor, aunque conviene huir de la mediocridad es necesario presupuestar pérdidas. Hazlo si no quieres sufrir y hacer sufrir. Todavía no estamos en el cielo.

Confianza

*L*a confianza es un valor indispensable en el amor, en el trabajo y en las relaciones. La confianza, a su vez, pide como valor indispensable la honestidad.

Es obvio que sólo los insensatos confían en un deshonesto. La honestidad, iluminada por el amor, nos convierte en seres dignos de confianza y nos ubica bien en la vida. De ahí que inspirar confianza y aprender a confiar deben ser una prioridad en nuestra vida para poder ser felices.

Tan serio es no confiar en nadie como confiar en todo el mundo. Se necesita sabiduría para practicar la confianza. Lo ideal es que antes de creer en alguien lo conozcamos en profundidad y estemos seguros de su integridad.

Ahora bien, si de verdad queremos ser dignos de confianza, hace falta que nuestros principios sean el amor, el bien y la verdad. Tres bases que sostienen con solidez nuestra vida y nuestras relaciones. Tres bienes que despiertan credibilidad y apoyo. Así ganamos confianza y disfrutamos de paz y estabilidad.

Compromiso social

*S*on muchas las personas que han superado crisis o vencido la depresión gracias a una labor social. En un voluntariado, en la Cruz Roja, la Defensa Civil, en una institución de ancianos o niños olvidan sus penas o aprenden a sobrellevarlas.

El servicio amoroso nos hace ver que muchos están peor y nos llena de paz y alegría. Entonces, dando amor recibimos amor. Ojalá te animes a asumir algún tipo de compromiso social aunque no estés mal. Fuimos creados para amar y servir.

No te contentes con buenos deseos y decide buscar una obra social que merezca ser apoyada. Lo ideal es que no te limites a dar dinero. Date a ti mismo que es lo que vale y lo que brinda felicidad.

Toma la decisión de comprometerte en una obra social. Hazlo hoy mismo. Pide información y colabora con marginados, enfermos de sida, niños de la calle, o ancianos. Anímate a servir.

Liderazgo

*S*ólo los líderes con sentido humano crean en sus aliados ese sentido de pertenencia que despierta compromiso. Líderes sin arrogancia, abiertos al elogio y al trabajo en equipo, sensibles y llenos de nobleza.

Esos son los líderes que buscan las empresas en un mundo en el que nada se logra sin buenas relaciones y mucha participación.

Si usted tiene un cargo, ¿es así como ejerce su liderazgo? ¿Sabe usted dialogar, sabe ceder y sabe delegar? ¿A usted lo temen o lo quieren? ¿Valora usted a sus colaboradores o los trata a las patadas y a los gritos?

Ojalá tome consciencia de su responsabilidad y aprenda a vivir y a ganar con mucho sentido humano. Ojalá valore el *humanware* porque sin él nada sirven el hardware y el software, por más modernos que sean.

Más que un jefe, fea palabra para un guía, sea usted un buen líder y logrará un alto sentido de pertenencia y un mayor compromiso.

El arte de amar

*E*s bien interesante profundizar la promesa que hacen las parejas cuando se casan en la iglesia, al decir:

"Prometo serte fiel en la alegría y en la tristeza, en la salud y en la enfermedad, en la pobreza y en la prosperidad. Amarte y respetarte todos los días de mi vida".

Cuán grato es tratar parejas que cuidan su relación, saben aprender de los errores y son fieles a esa promesa de amor. No sueñan con relaciones de ensueño y saben que amar es un arte que pide esfuerzo, disciplina y constante dedicación.

Viven no un amor ideal sino un amor real, capaz de vencer obstáculos y superar crisis: un amor comprometido. Un amor que sigue firme en la tristeza, la enfermedad o la pobreza.

Un amor abierto al perdón y rico en tolerancia.
El mismo amor que necesitan tanto los que quieren terminar cuando deberían empezar: cuando surgen los conflictos.

Después de todo, en el amor, como en el deporte o en una profesión, uno muestra lo que vale en las crisis, no en los triunfos fáciles. Y es que sólo hay amor donde hay compromiso.

Etica rentable

En la bolsa de valores éticos y espirituales se percibe una recuperación paulatina que anima y estimula.

Contamos con empresarios y ejecutivos bien convencidos de que la ética es rentable y de que la deshonestidad acarrea pérdidas. En un corto plazo la trampa y el engaño pueden reportar beneficios, pero a la larga las consecuencias son funestas.

Las leyes espirituales son inviolables y tarde o temprano cada quien recoge lo que siembra. Por eso sólo disfrutan de un éxito cabal los seres íntegros y ese éxito lo siembran con calidad, servicio y valores.

Es positivo constatar que tres de las tendencias del fin de siglo son la ética, la espiritualidad y la humanización. Métase usted en esa corriente o lo dejará el tren de la historia. "La *idolartría* del dinero y el poder es una religión dañina. ¡Ojo con el *dios dolar*!". Pedro H. Morales.

Elija invertir en los valores y en las personas y compruebe por sí mismo que la deshonestidad es el peor negocio y que actuar con integridad y humanismo produce dinero, paz y felicidad.

Saber elegir

Saber elegir es una de las claves de una vida bien vivida y, por lo mismo, de la felicidad que todos anhelamos.

Dios nos dio el inmenso poder de elección y nuestra vida depende de las decisiones que tomamos o dejamos de tomar. También la indecisión es una decisión. El indeciso elige no decidir y sufre las consecuencias de su incertidumbre o sus temores.

El gran motivador Og Mandino dedica una buena parte de su fascinante libro *El Milagro más grande del mundo* al poder de elección.

A todos nos conviene practicar la ley del éxito que él expresa así: "Usa sabiamente tu poder de elección".

En efecto, la libertad sólo nos dignifica cuando la sabiduría ilumina nuestras decisiones según el bien y la verdad. Para saber elegir es necesario orar, pedir a Dios discernimiento, contar con buenos amigos y con buenos guías y actuar con humildad.

Saber elegir implica saber meditar, actuar con rectitud, dejarse guiar por el amor y tener atrevimiento. Saber elegir es armonizar libertad y responsabilidad. Saber elegir es saber vivir.

Calma

En la época del fax, los chips, el internet, el jet, el microondas y el control remoto, es difícil aceptar procesos con paciencia.

Queremos que todo en la vida funcione tan rápido como las comunicaciones o las computadoras. Nos dejamos presionar por un inmediatismo estresante. Y está bien que exijamos rapidez a los lentos y los mediocres, pero no hasta el punto de querer en todo una velocidad de transbordador espacial.

Por querer volar quemamos valiosas iniciativas, no le damos espacio a los procesos de maduración y olvidamos lo importante agobiados por lo urgente.

La impaciencia nos hace tanto daño como el que sufren los niños cuyos papás quieren estos milagros: que el pequeño a los 5 años hable tres idiomas, toque violín, sea estrella en un deporte, estudiante Uno-A y experto karateka.

Ojalá pongamos en nuestro espejo, en el closet y en la oficina un post-it con las letras PP de Paciencia y Procesos.

Así tendremos ante los ojos por un buen tiempo un memorial de lo valioso que es actuar con calma y dejar tanto acelere. ¡Ojo, vísteme despacio que estoy de prisa!

Valores y liderazgo

*U*n experto en liderazgo, el profesor de Harvard Ronald Heiffetz, afirma que todos los líderes tienen su *"santuario"*.

Interesante anotación que nos centra en los valores éticos y espirituales como fundamento del auténtico liderazgo. Para poder ejercer un influjo positivo y significativo, los líderes son fieles a vivencias de este tipo:

1. **Le dan prioridad a lo espiritual**. Viven su fe, sea cual sea y así disfrutan de paz interior con un sentido de trascendencia.

2. **Le dan prioridad a las relaciones**. Así, al valorar su familia y sus amigos hallan apoyo, fortaleza y luz.

3. **Cultivan experiencias de mejoramiento humano** como las siguientes: seminarios o talleres de crecimiento, buenas lecturas, ejercicio físico, buen empleo del tiempo libre, aficiones artísticas.

4. **Tienen un compromiso social**. Sin ningún interés económico apoyan obras benéficas en bien de los pobres, los limitados, los ancianos o los niños.

¿Eres tú también fiel a esas mismas vivencias? Ojalá crees tu propio "santuario" para ejercer un buen liderazgo donde estés. Y recuerda que si eres íntegro Dios habita en el santuario de tu alma.

Apertura

El lugar más lluvioso del mundo es la zona de Cherrapunjí, provincia de Bengala, en la India. Luego sigue un lugar de Camerún llamado Debunshia y en tercer lugar está una región colombiana del Chocó llamada Andagoya.

Pero así como hay sitios donde llueve casi todos los días, también hay lugares donde la lluvia es una bendición añorada.

Es así como el lugar más seco del mundo está en Siberia y se llama Verjoyansk. Después está Jartúm en el Sudán. Y hay un sitio de Chile llamado Pirados donde hubo una sequía que duró 91 años.

Sequía que terminó con una lluvia en el año 1936, acogida con tal alegría, que la gente levantó un monumento a la lluvia.

Saber estas curiosidades nos hace ver la variedad de la tierra que es la misma variedad de la vida. Y vivir es estar abiertos a lo diferente con una apertura sin límites y mucha tolerancia. De lo contrario, nos matan el tedio y la rutina.

Cultiva la apertura de mente y de corazón.

Perseverancia

*E*s impactante que el escritor Jalil Gibrán le haya trabajado 40 años a su maravilloso libro *El Profeta*.

Es bueno saber que Dante Alighieri le dedicó tiempo, durante 30 años, a la Divina Comedia.

Es útil saber que Richard Bach se consagró al libro Juan Salvador Gaviota e insistió ante unos 20 editores hasta que publicaron su obra.

Es positivo recordar que Colón perseveró 10 años hasta que aprobaron su viaje a las Indias.

Perseverancia, mucha perseverancia, es lo que encontramos en aquellos que alcanzan sus metas. Perseverancia que es sinónimo de dedicación a lo que hacemos porque lo amamos.

Por eso pregúntate cómo está tu capacidad de insistir con la tenacidad del sembrador que ve el fruto en la semilla.

Anímate, piensa en lo mejor, aprende de tus errores, cuenta tus bienes y sigue adelante. Sólo los perseverantes llegan a la cumbre.

Sabiduría y cambio

*S*aber cambiar es saber vivir. Y la clave está en la unión de dos valores: sabiduría y cambio.

La sabiduría nos ayuda a discernir qué conviene conservar y qué conviene desechar o renovar. Luego, con decisión y entusiasmo, cambiamos lo que hay que cambiar y así salimos del estancamiento o la mediocridad.

No es fácil cambiar, sobre todo para los orgullosos y los comodones. A ellos siempre los deja el tren de la historia.

Ejemplos de lo valioso que es saber cambiar hay miles y uno nos lo ofrece el mundo de la perfumería.

En 1921, Coco Chanel se alejó de los olores florales predominantes y mezcló 60 fragancias para un nuevo perfume.

En lugar de un nombre poético o seductor usó una cifra y lo bautizó #5, algo que causó sensación. Además, se atrevió a usar un envase pequeño y no los grandes frascos que estaban de moda. Su éxito fue clamoroso porque supo cambiar y supo arriesgarse.

Tenacidad

Voy a seguir adelante aunque todo parezca perdido. Voy a insistir porque la perseverancia convierte en fuerte al débil.

Aún tengo fuerzas como el atleta que llega a la meta, feliz de haber superado los instantes de desaliento. Con una firme confianza soy capaz de alejar las dudas y con una esperanza recia soy capaz de dominar el desánimo.

Me abro camino como el agua que avanza incontenible hacia el océano. Vuelo con la tenacidad de las gaviotas cuando el viento es contrario.

Sé que puedo recobrar el entusiasmo si recuerdo triunfos vividos y crisis que antes he superado. Sé que nada me puede detener si cuento con Dios, con aquellos que me quieren, con el poder de la fe y con la energía del amor.

No hay tempestad sin calma y no hay noche sin amanecer. No me desespero porque el abecedario del dolor también tiene su letra zeta. Con mucha fortaleza voy a salir adelante ya que ninguna crisis doblega a las almas fuertes.

Esperar con ánimo

La esperanza nos anima a creer en un mejor mañana, la esperanza revitaliza nuestras fuerzas y nos mantiene con vida.

Y es que vivir es andar de una esperanza a otra sin dejarse abatir por los golpes y las caídas. La esperanza es nuestra mejor medicina cuando el alma está enferma, azotada por el desaliento y el pesimismo.

Con el poder de la fe y la energía del amor, la esperanza nos permite ser pacientes hasta que el ciclón ceda lugar a la calma.

Así podemos practicar lo que decía el pensador francés Montaigne: "El hombre debe aprender a soportar pacientemente lo que no puede evitar debidamente".

Somos capaces de soportar pruebas más fuertes de lo que pensamos, con una resistencia que nos sorprende. Somos capaces de vencer lo que parece invencible, cuando estamos unidos a Dios, y El se muestra fuerte en nuestra debilidad.

Con una esperanza viva comprobamos que aún la noche más oscura tiene su claro amanecer y que quedan muchas alegrías por disfrutar.

¡Animo! ¡Sin fantasear espera lo mejor y lucha por lo mejor!

Optimismo

En el deporte y en otras áreas no ganan siempre los más dotados sino los más dedicados y los que más ganas ponen.

Ganan los que son entusiastas y perseverantes; los que aprenden de las caídas y son ricos en confianza.

Por eso yo necesito cada día fortalecer mi optimismo con buenas lecturas, con la oración y con pensamientos positivos. Necesito un filtro para las malas noticias y una grabadora para todo lo que brinda ánimo y resolución.

Me conviene alejarme de aquellos que todo lo ven oscuro y que con su negativismo aumentan el mal que critican.

Me hace bien no ver el país o la ciudad con la óptica sombría de ciertos noticieros que jamás destacan todo lo bueno. Necesito una fe firme y una esperanza sólida para ganar donde pierden los pesimistas y los temerosos.

Cada día tengo el reto y la misión de mirar el sol aunque lo tapen las nubes. Todo es posible para el que cree, decía Jesucristo.

Cómo ser optimistas

uentan que un hombre optimista iba caminando por el bosque y, de pronto, un pajarito le dejó su recuerdo en la cabeza.

Él, en lugar de maldecir, expresó su descontento con esta frase: "Qué falla, hermano, pero ¡qué tal que las vacas volaran! Antes me fue bien".

Apunte que sirve para pensar en lo que hacen los seres positivos: le ponen buena cara al mal tiempo y admiran las estrellas cuando otros se quejan de la oscuridad.

Si quieres cultivar el optimismo practica estas reglas:

- Haz un diario balance de tus bienes, no de tus males.
- Ten a Dios como Amigo constante y ora con frecuencia.
- Aprecia todo lo bueno y siembra esperanza por doquier.
- Filtra las malas noticias y aléjate de los quejumbrosos.
- Aprende a ver sólo los titulares de tanta noticia negativa.
- Enriquece tu alma con lecturas de ánimo y motivación.
- Escucha música relajante y medita a diario unos 20 minutos.
- Haz memoria de tus logros y disfruta el presente.
- Aprende de tus errores y acepta a los demás como son.
- Cambia las quejas por acciones de gracias.
- Amate y ama.

Superación

*S*uperación en todos los niveles es una de la cualidades que ve uno por doquier en miles de personas.

Todos conocemos empresas en las que algunos empezaron desde abajo y ahora cumplen una gran misión en un cargo de importancia.

¿Cómo logran escalar altas cumbres y superar eventuales crisis?

He aquí algunas claves de la superación personal:

1. Una gran autoestima que los lleva a aceptarse y a valorarse para luego aceptar y valorar a los otros.

2. Un inventario constante de sus dones, de sus esfuerzos, de los logros y de todo lo positivo.

3. Una fe viva unida a un permanente contacto con Dios a través de la oración, el libro sagrado y las buenas acciones.

4. Unas relaciones cordiales y afectuosas con familiares, amigos y compañeros de viaje, que los libran de una soledad angustiosa y del individualismo.

5. Un aprendizaje cotidiano que les permite sacar valiosas lecciones de los errores y levantarse con ánimo de cada caída.

6. Una actitud positiva que los mueve a vivir motivados, ponerse retos y esperar contra toda esperanza.

Pasión y entrega

Tiene fuerza este pensamiento del filósofo francés René Descartes:

"La pasión es el único abogado que siempre convence. El hombre más simple será más persuasivo que el más elocuente que carezca de pasión".

Pocas barreras frenan a aquel que busca una meta con pasión o con un deseo vehemente. La pasión es el motor de las grandes obras.

La pasión es una entrega total a lo que se hace, unida a las ganas y al compromiso. Es una cualidad que acompaña a los que se valoran y destierran las dudas con una firme confianza y un trabajo tesonero.

Para lograrlo cuentan con Dios, gozan de buenas amistades y suelen tener como modelos a los grandes hombres. Son personas que hacen memoria no de sus fracasos sino de sus éxitos y aprovechan al máximo el presente.

No viajan al ayer con la culpa ni al mañana con la preocupación y llenan su alma de luz y optimismo. Su pasión los convierte en agentes del bien y en seres felices.

Amar es respetar

*E*n el respeto está el encanto del amor y el secreto del entendimiento. El respeto es afecto vestido de delicadeza.

Puedes estar seguro de que amas y te aman cuando el respeto aleja todo tipo de presión, manipulación e intolerancia.

Es más fácil entenderse cuando aceptamos al otro como es sin querer que piense y actué según nuestras expectativas.

"Quizás el amor sea el proceso de dirigir al otro gentilmente hacia él mismo, no a quien yo quiero que sea, sino a lo que él puede ser". Antoine de Saint-Exupery.

Sólo una actitud de elegante tolerancia nos permite influir en el otro de un modo positivo. ¡Cuán escaso es el respeto en ciertas relaciones y en ciertos grupos religiosos!

Y es que muchos creen que sólo en su estilo o en su grupo se puede estar bien, como si fueran dueños de la verdad. Ojalá aprendan a ver que el sol sale para todos y que hay muchos caminos para ser feliz.

Respetar es aceptar la variedad y crear la unidad en la diversidad y en el amor.

Insistir con sabiduria es perseverancia,
insistir con orgullo es terquedad.

G. Gallo

La perseverancia es la virtud por
la cual todas las demás dan su fruto.

A. Graf

Sé sincero con amor; sin amor la sinceridad
hace tanto daño como la mentira.

G. Gallo

¿Tu verdad? no, La Verdad.
Ven y vamos a buscarla juntos.

Antonio Machado

Amor y humor

Amor y humor son las alas que necesitamos para volar muy alto. Amor y humor son los remos con los que llevamos la barca a buen puerto.

Son dos amigos que siempre andan unidos y hacen de la vida una aventura maravillosa a pesar de los sinsabores.

Invertir en estos dos valores es el mejor negocio que podemos hacer. Es mejor que tener dinero en marcos o en yenes.

Lo que necesitamos es decir con una profunda convicción: elijo amar en lugar de odiar, elijo reír en lugar de llorar. Al fin y al cabo, nuestra vida es el resultado de nuestras elecciones o nuestras omisiones.

Tomemos en nuestras manos las llaves maestras del amor y del humor, y todas las puertas se abrirán. Si valoramos el milagro de la vida y contamos con Dios, podremos aceptar todo, incluso lo adverso, con amabilidad y alegría.

Para disipar las sombras basta la luz radiante de dos estrellas: amor y humor. Con ellas la noche se transforma en día.

Gratitud

En el Brasil un grupo de científicos visitó a una tribu indígena, en la selva. Dialogaron con los indios sobre distintos temas y así hablaron sobre Dios:

- ¿Le rezan ustedes a Dios?
- Por supuesto que le rezamos a Dios.
- Y ¿qué le piden?
- Qué le vamos a pedir si Dios nos da todo.
- Entonces, ¿para qué le rezan a Dios?
- Le rezamos a Dios para darle gracias por lo mucho que nos da cada día.

¿Hago yo lo mismo todos los días? ¿Doy gracias sin cesar por tantos beneficios? Ojalá esté afiliado al club de los agradecidos y no al club de los ingratos. Ojalá el cálido aroma de la gratitud me acompañe siempre y sea consciente de que en la balanza de la vida el bien pesa mucho más que el mal.

Si el fardo de la aflicción amenaza con doblegarnos, debemos apreciar lo positivo y orar con un sentido reconocimiento y una perfecta alabanza.

Siempre he admirado a Roberto Carlos quien se olvida de la prótesis que lleva y canta jubiloso: "Por eso digo, te agradezco, Señor, un día más...te agradezco Señor, nuevamente agradezco Señor".

La gratitud es una puerta abierta al optimismo. Nada mejor que dar gracias sin cesar. Es la mejor plegaria.

Poder del amor

Según las apariencias todo lo lograría el poder, pero la experiencia muestra que es el amor el que todo lo puede. Es el amor el que apacigua e ilumina.

Es el amor el que une y el que alegra, es el amor el que acerca y el que cura. Sólo el amor nos hace de verdad hijos de Dios y hermanos de los demás. Todo lo puede el amor, pero muchos tienen que sufrir serios golpes antes de aprender que el amor está por encima del poder y el poseer. Cuesta aprender que:

"No hay dificultad, por muy grave que sea, que el amor no la supere.

No hay enfermedad, por muy grave que sea, que el amor no la sane.

No hay puerta, por muy cerrada que esté, que el amor no la abra.

No hay distancias, por muy extremas que sean, que el amor no las acorte.

No hay muro, por muy alto que esté, que el amor no lo derrumbe.

No hay pecado, por muy grave que sea, que el amor no lo redima.

No importa cuán serio sea un problema o cuán desesperada una situación, el amor tiene poder para superar todo esto porque el amor todo lo vence". E. Fox.

La clave está en vivir para amar y no en vivir para poseer o para dejarse embrujar por el poder.

Entusiasmo

Quiero vivir este día con entusiasmo, con decisión y con una firme confianza.

Quiero ser en la vida un protagonista y no un simple espectador.

Quiero que la energía divina se sienta en mis pensamientos, en mis palabras y en mis acciones.

El entusiasmo es ese poder creador que me mueve a hacer el bien impulsado por el Espíritu de Dios.

Como afirma el pensador A. Vidal: "El entusiasmo es una combinación de persistencia y alegría.

La persistencia sin alegría pronto se convierte en una rígida y pesada disciplina.

La alegría sin perseverancia se agota en una euforia pasajera que a nada conduce".

Por eso, como lo que yo necesito es actuar con ganas y sin decaer, voy a perseverar con gozo.

Así viviré la vida con optimismo y sabré insistir hasta que la semilla se convierta en fruto. En lugar de concentrarme en lo negativo voy a valorar todo lo bueno y a fortalecer mi fe y mi esperanza. Sé que la vida está llena de milagros para los que creen, aman y esperan.

Soñar y comprometerse

En julio de 1969 el hombre realizó el sueño de llegar a la Luna. Neil Armstrong, el primero en pisar la luna, había soñado siempre con dejar huella en la aviación.

A los ocho años de edad, un niño llamado Manuel Elkin Patarroyo ya soñaba en el Tolima con ser otro Luis Pasteur. Patarroyo se dedicó a concretar su ideal y lo logró.

Cuando Leonardo da Vinci tenía 12 años hizo esta promesa: seré uno de los más grandes artistas que el mundo haya conocido jamás.

De joven, Simón Bolívar tenía anhelos de libertad y en el Monte Sacro juró un día luchar por la independencia de los países americanos.

Teresa de Jesús, siendo muy niña, escapó de su casa en Avila acompañada de su hermano Rodrigo para ir a morir por la fe en tierra de moros. Un tío los regresó a la casa.

Desde que era pequeño, Thomas Alva Edison realizaba experimentos y soñaba con ser un famoso inventor. Perseveró en su intento superando miles de fracasos.

Todas estas personas llegaron muy alto con dos alas llamadas sueño y compromiso. Se atrevieron a soñar y se dedicaron con pasión a concretar sus sueños.

Y eso es lo que yo necesito hacer: tener fuertes deseos y dedicarme a concretarlos en la esfera del bien. Así la vida no es sueño ni los sueños, sueños son.

6 Claves de la serenidad

Oprimido por múltiples presiones te preguntas: ¿Cómo hago para dejar la tensión y hallar la calma?

No pretendas encontrar una fórmula mágica, pero practica lo que hacen los seres serenos:

1- Vive en paz con tu conciencia y tus valores. Una vida inmoral te hunde y te destroza.

2- Pon tu vida en las manos de Dios. Camina en su presencia y su amor te llenará de luz y de paz.

3- Cuida tu vida de familia con afecto, detalles y tolerancia. Haz de tu familia un oasis con el amor.

4- Sé buen amigo de tus amigos ya que en la amistad hallas esa paz y ese apoyo que no compra el dinero.

5- No seas esclavo del dinero ni del poder.
Sólo los seres desapegados son libres y viven en paz.

6- Asume compromisos de servicio social. Ayudando a otros que están peor sabrás valorar y agradecer lo que tienes.

¡Animo! Elige ser feliz hoy y aquí.

Confianza para vencer

Como un náufrago perdido en altamar tiendo a desfallecer, pero no puedo darme por vencido.

Creo en días mejores y renuevo mi confianza para resistir cualquier temporal.

En Dios como Amigo, en los que me aman y en mi alma encuentro razones para seguir luchando.

La meta quizás se me hace tan lejana como la meta en una maratón, o el puerto para los marineros, pero quiero insistir.

Se que la confianza hace milagros y que nada puede resistirse a la magia del amor y de la fe.

Esa magia que lleva a tantos desahuciados a ganarle la batalla a la muerte contra todos los pronósticos.

Esa magia que, unida a la dedicación, mueve a personas accidentadas a quienes habian dicho que nunca podrían volver a caminar.

Con una fe firme, una esperanza sólida y el amor de los que me quieren, seguiré adelante hasta vencer.

Amarse y amar

*B*endito Dios, ayúdame a quererme sin caer en la trampa del narcisismo ni subirme en el frágil pedestal de la autosuficiencia.

Bendito Señor, que sea capaz de amarme a mí mismo y apreciar mis talentos abierto al servicio y el altruismo. Sólo puedo estar bien con los demás si primero estoy bien conmigo mismo, gracias a una sana autoestima.

Necesito una clara conciencia de mis cualidades y también de mis limitaciones, de lo que puedo y lo que no puedo. Que sea capaz de aceptarme y dar lo mejor de mí como lo han hecho los que superan serias barreras:

- El cantante José Feliciano con su ceguera y su pobreza.
- El pintor Goya que quedó sordo en su vejez.
- El inventor Edison con las penurias y sus problemas auditivos.
- El músico Beethoven con su sordera y con la pobreza en la infancia.

Todos ellos y muchos más se amaron a sí mismos y salieron adelante llenos de fe, ánimo y constancia.

Bendito Señor, ayúdame a amarme, amarte y amar a los demás. Sólo amando puedo ser feliz.

Creatividad

*S*i quieres vivir más y mejor despierta tu creatividad con la práctica de estas acciones:

1. **Asombrarse**: Como hacen los niños que de todo se maravillan y como lo hacen los inventores.

Es bueno meditar lo que decía Einstein: "Quien ha perdido la capacidad de asombro está muerto en vida".

2. **Cuestionarse**: Nada mejor que hacerse preguntas en plan de aprender y con el deseo de mejorar.

Es algo tan importante, que Sócrates enseñaba más haciendo preguntas que dando respuestas.

3. **Atreverse**: Sí, saber, arriesgarse aunque haya errores. Quien no se arriesga no cruza la mar.

Se sabe que el que hace algo puede equivocarse pero el que no hace nada vive equivocado.

4. **Imaginar**: Es el camino para innovar, en especial si se une a la acción de asociar o relacionar lo ya conocido.

Grandes ideas nacen de imaginar nuevos usos, soñar con "locuras" o tomar algo al contrario de los demás. ¡Animo! Despierta tu creatividad.

Constancia para triunfar

*L*os campeones no siempre tienen más habilidades; lo que los distingue es la dedicación. Los triunfadores saben insistir cuando los demás desisten. Es que el éxito sólo le sonríe a los constantes.

Por eso te ruego, Señor, que me ayudes a perseverar en el bien obrar con la paciencia del pescador.

Dame, Señor, esa constancia que tiene el escultor para sacar una obra maestra del bloque de mármol. En mi vida, en mi familia y en mi trabajo necesito mucha paciencia para insistir sin claudicar.

No puedo permitir que mis relaciones estén sujetas al capricho, a la emoción pasajera o al simple deseo.

Necesito un amor tolerante y perseverante que me permita superar las crisis y mantener viva la esperanza.

Lo que me hace falta es esa constancia de los deportistas que convierten los fracasos en escalones hacia el éxito.

Poder de la bondad

En el Africa habita un animal que asusta por su tamaño, su figura y su peligrosidad: es el rinoceronte negro. Este animal formidable es como un tanque de una tonelada de peso, que arrasa con lo que se encuentra.

No obstante es perfectamente domesticable e incluso llega a ser tan manso que en un corral come de la mano de su cuidador. Es así como el ambiente y los cuidados transforman a una fiera en un animal dócil.

Igual sucede con tantas realidades de la vida: un buen ambiente y mucho amor convierten en dulce lo amargo. Todo mejora con una atmósfera positiva ya que, con pocas excepciones, los seres son sensibles a la bondad.

Bondad que fue el secreto de Jesús para influir en los seres equivocados que acercó a la luz. Con paciencia y amor, si el otro lo quiere, o con energía si hace falta, es posible cambiar.

Solidaridad

En Ecuador se recuerda con cariño y gratitud a Monseñor Leonidas Proaño, un obispo que vivió con los pobres y para los pobres. Así veía él la solidaridad:

Mantener siempre atentos los oídos al grito de los demás y atender su llamada de socorro, es solidaridad.

Sentir como algo propio el sufrimiento del hermano de aquí y de allá, y hacer propia la angustia de los pobres, es solidaridad.

Llegar a ser la voz de los humildes, descubrir la injusticia y la maldad, denunciar al injusto y al malvado, es solidaridad.

Dejarse transportar por un mensaje cargado de esperanza, amor y paz, hasta apretar la mano del hermano, es solidaridad.

Convertirse uno mismo en mensajero del abrazo sincero y fraternal que unos pueblos envían a otros pueblos, es solidaridad.

Compartir los peligros en la lucha por vivir en justicia y libertad, arriesgando en amor hasta la vida, es solidaridad.

Entregar por amor hasta la vida es la prueba mayor de la amistad; es vivir y morir con Jesucristo, eso es solidaridad.

Aceptación

 *U*na de las actitudes más necesarias en la vida es la capacidad de aceptación que nace del realismo.

Gracias a ella dejamos de estrellarnos contra los hechos y buscamos lo mejor con lo que somos y lo que tenemos. Con aceptación cancelamos las exigencias del perfeccionismo y la pasividad del conformismo.

Nada mejor para amarnos y amar que aceptarnos y aceptar a los otros con una conciencia clara de dos realidades:

1. Nuestras limitaciones y las ajenas.

2. Nuestros valores y los de los demás.

Es un amor tolerante el que nos lleva a ser realistas sin dejar de luchar por mejorar día tras día.

La aceptación nada tiene que ver con la resignación que paraliza y anestesia a los pusilánimes. Es más bien un paso de sabiduría hacia la superación: es modelar el barro que se tiene hasta lograr una obra maestra.

Crece en realismo y gozarás de paz en tu alma y en tus relaciones.

Pasión con dedicación

Hoy quiero motivarme con este sabio adagio de Nieztche: Quién tiene un buen "por qué", acaba por encontrar el "cómo".

Cuando se unen la pasión y la dedicación, pocas metas se tornan inalcanzables y muchos imposibles se hacen posibles.

El escritor Robert Conklin cuenta estos casos en su libro *Piense en lo mejor de la vida*:

- Una asustada granjera de sólo metro y medio de altura levantó un tractor de unos 800 kilos para liberar a su marido aprisionado. Después se necesitaron tres hombres fornidos para volver a poner el tractor sobre sus cuatro ruedas.

- Un muchacho de 12 años levantó un tronco caído sobre las piernas de su padre. Cuatro hombres apenas pudieron moverlo más tarde.

- Y en otra parte leí el caso de la mamá que levantó un pesado carro para sacar a su niño presionado por una de las ruedas. Después del hecho quisieron que lo repitiera para la T.V. y sólo entre cuatro hombres pudieron mover el vehículo.

Muchos son los imposibles que se esfuman cuando hay ganas y lucha.

Tolerancia

El aprendizaje de la tolerancia es el camino hacia la convivencia. Saber convivir es saber respetarnos. No es fácil, ya que para ser tolerantes debemos acallar el egoísmo y exorcizar el demonio del orgullo.

Pero es mediante el ejercicio diario de la tolerancia como logramos construir la hermandad y derribar los muros del odio y la injusticia.

El diccionario de la Real Academia define así esa valiosa virtud llamada tolerancia:

"Tolerancia es soportar al otro con la intención de entenderlo mejor. Sólo a partir de esa mejor comprensión se ordenan los conflictos de intereses y los derechos de los contrincantes. La tolerancia exige coraje".

Y podemos ir más allá de esta definición y afirmar que la tolerancia nos mueve a aceptar al otro con amor, más que a soportarlo. Nos mueve a ponernos en su lugar, a valorar las diferencias y a dejar que el otro viva su vida sin manipularlo ni presionarlo. Y como toda virtud es recíproca, el otro también nos respeta y así logramos convivir en armonía. No es fácil, pero es mejor amarnos que odiarnos y agredirnos.

Amor total

Uno de los pasajes más importantes de la Biblia es el que leemos en el libro Deuteronomio 6, 4-10. Los judíos practicantes suelen llevar este texto consigo y lo colocan en los dinteles de sus puertas, en una cajita.

Lo hacen para recordar siempre que Dios pide un amor como el que él mismo ofrece: fiel, sincero y total. No un amor dividido sino un amor con TODO el corazón, con TODA el alma y con TODAS las fuerzas.

Y ese mensaje bíblico es también un llamado a rechazar toda clase de idolatría, porque Dios es el único Señor.

Algo bien necesario en un mundo al que le encanta fabricar ídolos de barro o de papel en las tierras movedizas del poder y el dinero.

Si somos sinceros debemos reconocer que muchas veces nos dejamos seducir por los ídolos. Y también debemos aceptar que a Dios lo dejamos de lado, lo buscamos sólo en las crisis y no lo amamos con un amor total. Ahí está el texto bíblico como un llamado a cambiar.

Perseverar

*P*erseverar, perseverar, perseverar. Sí, eso es lo que debo hacer mientras tenga razones, porque sin perseverancia nadie triunfa.

No se trata de insistir sin argumentos, como lo hace la persona terca. Se trata de crecer en tenacidad y en constancia, con mucha sabiduría.

Como lo hizo el músico ruso Chaikovsky con sus ballets *El Lago de los Cisnes*, *Cascanueces* y *La Bella Durmiente*, que no encontraron gran aceptación al comienzo.

Como perseveró el comerciante americano Frank Woolworth, quien trabajó arduamente para ganar sus primeros dólares, y quien más tarde tuvo que superarse al ver cómo quebraban sus primeros cinco almacenes. Hoy en día la cadena Woolworth es un emporio económico.

Sí, tengo que perseverar y no dejarme tentar por el facilismo y el inmediatismo. Sólo con dedicación puedo esperar lo mejor. Y también tengo que examinar mis creencias ya que todo en la vida depende de lo que creemos.

Si creo que no puedo o si creo que puedo, en ambos casos depende de mí. Necesito creer y perseverar. Esa es la fórmula: creer y perseverar.

Comprensión

*H*oy tomo una de las mejores decisiones en mi vida: hoy decido ser respetuoso con los demás.

Elijo crecer en tolerancia y aceptar a los demás como son, sin pretender modelarlos según mi conveniencia.

En la aceptación serena de los otros tengo la clave de una convivencia armoniosa y enriquecedora.

Mediante un amor comprensivo y sin imposiciones puedo influir en los que amo para que mejoren.

Mediante un amor comprensivo puedo dialogar, trabajar en equipo y cosechar buenos frutos.

Sí, hoy decido amar con libertad sin querer que los demás piensen o vivan como yo.

Voy a vivir más y mejor, convencido de que es con diversidad y no con uniformidad como se llega al entendimiento, así como el pintor valora todos los colores y el músico todas las notas.

Hoy tomo la decisión de respetar sin imposiciones y de comprender sin manipulaciones. Lo quiero, y así será. ¡Ayúdame, Señor!

El amor no es ciego

*D*esde la antigüedad se ha dicho que el amor es ciego y esta frase encierra una verdad a medias.

En realidad el ciego no es el amor sino otras vivencias a las que llamamos amor sin serlo en absoluto o siéndolo sólo en parte.

En efecto, aunque acompañen esa maravillosa experiencia, no son amor ni el simple deseo, ni la pasión, ni el puro sentimiento, ni la atracción, ni el gustarse.

La prueba está en que con una de esas emociones, o con todas ellas, son muchos los que se estrellan afectivamente.

Todo porque cuando una persona despierta bellos sentimientos en nosotros, tendemos a idealizarla y a desconocer sus fallas.

Experiencia que de hecho es buena porque nos centra en lo positivo, pero que pide valores superiores para darle fondo a la relación.

Y es acá donde hay que insistir, ya que sin valores como la sinceridad, el respeto, la comprensión y la capacidad de dar, servir y perdonar, no hay "amor" que dure.

Seis valores

En seis eses se encierran algunos de los valores que nos dan felicidad y nos ayudan a vivir más y mejor.

1. **Sinceridad**. Valor que nos centra en la verdad y es el fundamento de unas relaciones estables.

2. **Sencillez**. Actitud que aleja el orgullo, crea unión y fomenta el entendimiento.

3. **Servicialidad**. Que es otro nombre del amor y nos mueve a ayudar, a dar y a darnos sin intereses mezquinos.

4. **Solidaridad**. Valor que nos hace sensibles a las necesidades y nos anima a compartir.

5. **Seriedad**. Que nos distingue cuando somos responsables y somos fieles a nuestros compromisos.

6. **Simpatía**. Valor que nace de cultivar el buen humor, ser afables y mirar el lado amable de la vida.

Cultivar estos valores no es fácil pero en su práctica reside el secreto de una vida serena y feliz.

Con esos valores nuestra vida no es un drama y, al igual que Jesucristo, "pasamos haciendo el bien". Hechos 10,37-43.

Servicio

¿Cómo anhelas ser feliz si malgastas tus energías en la autocompasión o te dejas vencer por la apatía?

Aprende de los seres extraordinarios a insistir con tenacidad y a superar los obstáculos. Servidores de la humanidad como Madame Curie: gracias a ella y a Pierre, su esposo, hoy el radium se emplea contra el cáncer.

Cuando esta científica estudiaba, vivía tan pobremente que se desmayaba de hambre. Tiritaba de frío en el gélido invierno de París por falta de abrigo. Perseveraba en sus estudios, mientras se alimentaba semanas enteras con té, pan y manteca. Los mareos eran frecuentes.

La única mujer que ostenta dos premios Nobel fue insultada por su "baja condición", en la familia en la que trabajó como institutriz. Madame Curie es un sublime ejemplo de superación, perseverancia y servicialidad, en un mundo que necesita valores humanos.

Saber vivir es saber servir con desinterés y dedicación, como lo hicieron los esposos Curie que pusieron el descubrimiento del radium a disposición de la humanidad, sin pedir dinero a cambio.

Animo y determinación

*P*obres van a ser tus logros si pobres son tus deseos. Debes cultivar grandes aspiraciones si quieres elevarte y alcanzar tus objetivos. Saluda el nuevo día, mira el sol que brilla, respira profundo, siente el gozo de estar vivo y llena el alma de energía positiva.

Cuenta tus bienes, aprecia tus cualidades, haz un inventario de todo lo bueno, mira el lado amable de la existencia. Con grandes deseos y mucha dedicación puedes esperar lo mejor. Nada detiene a las almas animosas.

Almas enamoradas de Dios que luchan con una cualidad que Santa Teresa de Jesús llamaba "determinada determinación":
"Necesitamos un alma animosa y determinada para arriesgarlo todo, venga lo que viniere, poniéndonos en las manos de Dios".

Aleja, pues, la cobardía y el desaliento, piensa en lo mejor, lucha por lo mejor y sigue adelante con ánimo resuelto.

Crécete ante las dificultades, como tantos que en situaciones peores sonríen, luchan y no desfallecen. ¡Animo! Ten grandes deseos y obtendrás grandes conquistas.

Discernimiento

*P*erseverar con sabiduría es tan importante como ceder con inteligencia cuando ya no hay razones para insistir.

Por eso en la Biblia se habla tanto de la importancia del discernimiento como don del Espíritu Santo. Un don unido a la sabiduría que prefirió Salomón. Léelo en la Biblia: Sabiduría 7,7-14. Un don que hay que pedir y afinar en la oración para saber elegir y actuar sin extremismos.

La perseverancia nos mueve a insistir mientras haya motivos para no claudicar. En efecto, la facilidad con que logramos algo depende de la tenacidad con que luchamos.

Con una esperanza viva y un ánimo de acero superamos obstáculos que parecían invencibles y sorteamos con éxito las crisis.

Lo importante es que nos sintamos responsables de nuestro propio destino y tomemos el timón de nuestro barco. Así, sin culpar a otros o a la suerte, logramos con perseverancia y sin egoísmo lo mejor para nosotros y para los demás.

Paciencia... Paciencia

Paciencia, paciencia, muchas dosis de paciencia necesito para superar problemas y ser tolerante con las fallas.

Paciencia conmigo mismo para poder tener paciencia con mis semejantes, con los amigos y con los extraños.

Paciencia que crece si cancelo el perfeccionismo y crezco en realismo y en aceptación.

Paciencia que me hace amable cuando en la oración constante Dios me da paz, fortaleza y serenidad. Con Dios en el corazón soy capaz de perdonar, de comprender y de desterrar el mal genio.

Paciencia es el tesoro que me permite convivir en armonía a pesar de los conflictos normales.

Paciencia como la de la madre con el bebé, la del artista ante el mármol o el lienzo, la del sembrador con su cultivo.

Paciencia hoy y paciencia mañana con mis errores y los de los demás. Esa misma que Dios tiene conmigo. Paciencia que no es conformismo sino aceptación de procesos.

¡Señor, dame paciencia!

La justicia llevada al extremo
s una extrema injusticia.

R. Grafton

Es fácil dar cosas pero lo que
mejora al mundo es dar amor.

G. Gallo

El amor todo lo vence

*E*l amor todo lo vence. El amor es nuestra esperanza, nuestra luz y nuestra salvación. Lo necesitamos y lo sentimos en los momentos adversos cuando el destino nos sacude sin piedad.

Entonces, ante una enfermedad grave o doblegados por la muerte de un ser querido, apreciamos en toda su esencia la importancia del amor. Valoramos al máximo el calor de un abrazo, la ternura de una caricia y el poder sanador de las palabras afectuosas.

Comprobamos así que es en el amor y no en las riquezas donde encontramos alivio, calma y felicidad. ¿Por qué será que olvidamos esta sabia lección al salir de una clínica o de una sala de velación?

¡Qué triste! Nos dejamos absorber por el trabajo y terminamos apreciando más las cosas que las personas.

Necesitamos poner el amor en el centro de nuestras vidas, recuperar la ternura y abrirle espacios al afecto. Es el reto que tenemos si de verdad queremos vivir más y mejor.

Honestidad

*J*ustiniano fue un emperador del oriente que murió en el año 567 y quiso actuar según estos principios:

"Vivir honestamente, no perjudicar al prójimo y dar a cada uno lo suyo con justicia".

Principios de rectitud que si todos practicáramos nos permitirían convivir en armonía sin el azote de la violencia.

Nos evitamos sufrimientos innecesarios si tomamos conciencia de que la felicidad depende de la honestidad. Las personas sabias, con su rectitud, disfrutan de una paz interior que el dinero no puede comprar.

¿Acaso no debe ser ese mi principal objetivo? Claro, actuar con transparencia para poder cantar con el poeta:

"Soy el dueño de mí mismo y no me gusta la gente que empeña su corazón y que hipoteca su frente". Carlos Castro Saavedra

Llevar una vida íntegra es lo que Dios me pide y es el mejor regalo que puedo ofrecerle a mi espíritu, a los demás y a la vida. Con la honestidad creo el cielo y con la deshonestidad el infierno.

Equilibrio

Todo defecto puede convertirse en cualidad y toda cualidad puede transformarse en defecto; es cuestión de equilibrio.

Por eso los sabios siempre han exaltado el justo medio, no con elogio a la mediocridad, sino como una invitación a ese discernimiento que aleja los extremismos. El pensador Emerson intuía esto cuando afirmaba:

"Los extremos se tocan, y no hay mejor ejemplo que la altanería de la humildad".

Claro que esto se aplica sólo a aquellas cualidades que se viven con fanatismo, sin la luz del amor y sin el tacto de la prudencia.

Estas dos virtudes nos impiden caer en la intolerancia de "los buenos" que es tan odiosa como la frescura de "los malos". Es con mucho equilibrio como logramos un justo medio entre la suavidad y la dureza, la calma y el dinamismo, la disciplina y la flexibilidad, la exigencia y la comprensión.

Ojalá nos conozcamos mejor y miremos cuáles virtudes nos hacen insoportables o qué defectos son materia prima para mejorar.

Ojalá evitemos los extremismos y practiquemos lo que dice una canción de Alberto Cortez: "Ni poco ni demasiado, todo es cuestión de medida..."

Humildad

El ser humano tiene temor a muchas plagas, pero poco se cuida de una de las peores: el orgullo.

Un vicio que entorpece todo lo bueno y acaba con el amor, la fe, la paz y las relaciones.

No hay ceguera peor que la del orgullo que impide reconocer errores y bloquea todo cambio positivo.

Todo lo opuesto a la sencillez que une, alegra, es amable y distingue a los seres felices y nobles.

Uno lee a todos los sabios y sólo encuentra elogios de la humildad y prevenciones contra la arrogancia.

El evangelio muestra a Jesucristo como un ser enamorado de la sencillez y de los humildes, como en Mateo 11,25.

¡Qué bueno que meditáramos más su mensaje! Hoy como ayer el que se enlaza será humillado y quien se humilla será enaltecido. Lucas 14,7-11.

Con razón decía San Agustín: "Sólo hay tres caminos para llegar a la verdad: el primero es la humildad, el segundo es la humildad y el tercero es la humildad".

Compromiso

$\mathcal{U}$no de los valores más importantes en la vida es el compromiso. Es tan valioso que sólo con él es posible triunfar.

Es un valor que practicamos cuando nos entregamos con toda el alma a una misión. Así, con una entrega decidida, amando lo que hacemos, logramos conquistar nuestras metas a pesar de los obstáculos.

Basta leer biografías de grandes hombres y mujeres para constatar que llegaron alto por su compromiso.

Fue así como Bolívar avanzó sin dejarse abatir por las derrotas, las amenazas y las críticas. Fue con un firme compromiso como Martin Luther King sostuvo su lucha contra la discriminación racial.

Una total entrega a la misión es lo que anima a Jaime Jaramillo en su trabajo con los gamines por encima de envidias y zancadillas, con la Fundación Niños de los Andes.

Compromiso amoroso es lo que mueve al joven Albeiro Vargas para servir a los ancianos en Bucaramanga.

Y un fuerte compromiso es lo que yo necesito para vencer, con el apoyo de Dios y de los que me aman.

Consciencia, compromiso y prioridades

onsciencia, Compromiso y Prioridades son tres realidades bien importantes para vivir más y mejor.

Están muy unidas, ya que saber vivir es tomar consciencia de cuáles son las prioridades y ser fiel a ellas.

Entonces, si de verdad se ha tomado consciencia, se asumen compromisos y se busca ayuda para cumplirlos.

Una consciencia despierta nos une a Dios y así, con sabiduría, no tenemos como prioritario lo que es secundario o dañino.

Basta examinar la propia vida para percibir que todos los males nacen de andar en la inconsciencia.

Y por eso lo mejor que podemos elegir es un estilo de vida con estas prioridades:

1. Lo espiritual antes que lo material.
2. Lo interior antes que lo exterior.
3. El dar antes que el recibir.
4. La familia y los amigos antes que el trabajo.
5. Las personas antes que las cosas.

Comprometerse a salvar estas prioridades es saber vivir.

Amor y alabanza

*N*ada mejor para saludar un nuevo día que una sincera plegaria de alabanza y gratitud como el salmo 102:

"Bendice, alma mia, al Señor, y todo mi ser a su santo nombre. Bendice, alma mia, al Señor y no olvides sus beneficios.

El perdona tus culpas y cura todas tus enfermedades. El rescata tu vida de la fosa y te colma de gracia y de ternura.

El Señor es compasivo y misericordioso, lento a la ira y rico en clemencia. No nos trata como merecen nuestros pecados ni nos paga según nuestras culpas.

Como dista el oriente del ocaso, así aleja de nosotros nuestros delitos. Como un padre siente ternura por sus hijos, siente el Señor ternura por sus fieles".

De todos los 150 salmos bíblicos, éste es quizás mi favorito, porque refleja en toda su grandeza la infinita bondad de Dios.

Un Dios cercano, amoroso y comprensivo, que perdona las faltas de sus hijos con una ilimitada ternura. Un Dios Padre que, por lo mismo, sólo merece amor, alabanza y gratitud.

Desapego y libertad

*U*na gran verdad encierra esta breve frase del pensador A. Graf: "Cuanto más posee el hombre, menos se posee".

Son muy pocos los que saben conservar la libertad en medio de las riquezas materiales. Casi siempre las personas más ricas son las personas más esclavas. Creen que poseen pero son poseídas.

Sacrifican por dinero su paz interior, su tranquilidad, su salud, sus relaciones y su misma vida.

Por eso es tan importante crecer en desapego y en generosidad. El desapego nos hace libres en el amor.

Eres de verdad inteligente si te conformas con lo necesario sin matarte por lo superfluo.

Sabes vivir cuando sabes compartir y le dedicas al espíritu lo mejor de tu vida y de tu ser.

¡Pobre de ti si en lugar de poseer eres poseido por lo que tienes! ¡Que lastima, te crees rico pero eres bien pobre! (Apocalipsis 2,9).

Buen humor

*L*a *risoterapia* relaja, apacigua y es excelente en la cura de las enfermedades.

Hace años que en Estados Unidos, Canadá, Francia, Suiza y Japón, emplean con éxito el poder curativo del buen humor.

Médicos serios como el Dr. William Fri, de la Universidad de Stanford, conocen estos efectos sanadores de la risa: "Estimula el sistema cardiovascular, mejora la presión arterial y relaja la tensión".

La risa estimula la producción de endorfinas, valiosas neurohormonas que fortalecen el sistema inmunológico y son calmantes.

Ojalá usted, amiga o amigo, tenga videos, casetes y libros de buen humor y los disfrute con frecuencia.

Hay personas que con tres sesiones diarias vencen la depresión, según el sicólogo español Elías Fernández, pionero en España de estas curas.

Anímate, pues, y vive más y mejor con el cultivo del buen humor.

Concéntrate en la cara risueña de la vida. "Abre tus ojos, mira hacia arriba y disfruta las cosas buenas que tiene la vida".

Saber perdonar

Si quiero avanzar en un vehículo no puedo hacerlo en reversa.

Entonces, ¿Cómo puedo ser feliz hoy, rumiando las ofensas del ayer?

¿Acaso no es casual que en español las palabras **reversa, rencor y resentimiento** empiecen por "re"?

Cada minuto malgastado en el rencor es una **re-caída** y un **re-traso** en el logro de la felicidad.

Por eso, si de verdad, no quieres hacerte más daño que el que te causó el ofensor, elige perdonar.

Para lograrlo decide sentarte todos los días con un crucifijo en las manos, unos cinco o diez minutos, mínimo un mes.

Contempla fijamente a Cristo en la cruz y medita sus palabras: "Padre, perdónales porque no saben lo que hacen".

Pídele luego que te ayude a ver a los que hacen el mal como seres equivocados y sin luz, no como bestias o miserables.

Y con su ayuda ora por ellos con amorosa comprensión.

Hazlo y dejarás de andar en reversa. Hazlo y podrás estar en paz.

Amor y honestidad

*L*as personas egoístas son expertas sólo en recibir, las personas masoquistas son graduadas sólo en dar.

Ambas dejan de gozar la vida, unas por pensar tanto en si mismas y otras por pensar tanto en los demás.

Por el contrario, los seres amorosos saben cuándo dar y cuándo recibir con un sano equilibrio.

¡Que bueno que tú seas una persona amorosa, abierta a quererse y querer, cuidarse y cuidar, valorarse y valorar!

Así, con armonía entre el dar y el recibir, podrás disfrutar de paz interior bajo la guía del amor y la honestidad.

Amor y honestidad que son los dos valores prioritarios en la vida porque agrupan a todos los demás.

Con ellos todo se tiene y sin ellos todo se pierde. Amor y honestidad deben ser los pilares de tu edificación.

Conviértelos en el centro de tu vida y serás feliz. Así los problemas solo serán sombras que te hacen valorar la luz.

Pareja japonesa

Cuenta una historia oriental que una pareja de japoneses fue donde un sabio en busca de consejo porque no lograban entenderse. Según la esposa, el marido era un botarate que todo lo daba y no había modo de enseñarle a valorar las cosas y cuidarlas. Según el marido, su esposa era una persona ávara, apegada a las posesiones e incapaz de compartir.

El sabio después de escuchar atentamente a los dos, los llamó y, cuando los tuvo en frente, obró de esta manera: puso la mano abierta delante de la nariz del hombre, la sostuvo allí un buen rato y luego le dijo:

- "Supón que mi mano fuese siempre así, ¿Cómo la definirías?.
- "Como una mano deforme", respondió el esposo.
Entonces el sabio cerró la mano y extendió el puño otro rato delante de la cara de la mujer. Luego le preguntó:
-"¿Y si estuviese siempre así cerrada, tú que pensarías?".
-"Que es una deformidad", dijo ella.
Si ustedes dos entienden esto son bien inteligentes y lo único que necesitan es aplicarlo a su vida. Después de aquella visita la esposa ayudó al marido a ahorrar y él al ayudó a ella a distribuir.

a prudencia ilumina el equilibrio con la
abiduria y así nos libra de los extremismos.

El que es prudente es equilibrado,
el que es equilibrado es sereno,
el que es sereno es feliz.
luego el que es prudente es feliz.

Séneca

El orgullo divide
a los hombres

La sencillez los une.

Lacordaive

Cuarta Parte

Mensajes

Estar despiertos

A los vendedores y en general a todos nosotros nos hace bien sacar enseñanzas de este pensamiento:

"Las oportunidades nunca se pierden. Nuestro contrincante aprovecha las que nosotros dejamos escapar". Anónimo.

Debemos cuidarnos del virus de la indolencia, estar siempre despiertos y dispuestos a mejorar.

En el trabajo, en el estudio, en el amor y en la fe, sólo triunfan los que están atentos como el celoso vigía de un faro.

Jesucristo insistieró mucho en la necesidad de estar siempre en vela y preparados. Lucas 21, 34-36.

Son muchos los que se quejan de la mala suerte o de los problemas mientras vegetan, dominados por una mediocridad impresionante.

Lo que debemos hacer es ver en toda calamidad una oportunidad y transformar cada crisis en reto de mejoramiento.

Si no nos dejamos tentar por el facilismo, el egoísmo y el inmediatismo, avanzamos y convertimos los obstáculos en oportunidades.

¿Quién?... Yo ¿Cuándo?... Ya

*E*n sólo cuatro letras están las llaves de ese mundo mejor que todos soñamos, aunque no siempre construimos.

Y nos engañamos con lindas promesas porque no nos dedicamos a lo que es realmente importante según lo expresan estas dos palabras: Yo, Ya.

La clave está en la respuesta personal y decidida a estas valiosas preguntas:

- **¿Quién** es el que debe cambiar?. . . . . **Yo**

- **¿Cuándo**?. . . . . **Ya**

Lo más común es que vivamos afanados en cambiar a otros, muy seguros de que sólo ellos son los del problema.

Hasta que en la "Universidad de los golpes" aprendemos a ser sencillos y decimos: "Soy yo quien debe cambiar primero".

Pero falta el paso del ya, porque aplazamos ese cambio con mil excusas y además nos negamos a pedir ayuda.

Por eso hace falta una tercera respuesta si de verdad queremos ser felices:

¿Cómo voy a cambiar?

Aceptando ayuda con humildad.

El dinero: un mal amo

Dicen los historiadores que de las primeras monedas que se acuñaron en Grecia, las más populares traían las figuras de Atenea y de Pegaso.

Atenea era para los griegos la diosa de la sabiduría y Pegaso era el caballo alado, nacido de la sangre de Medusa.

Para mí son dos excelentes símbolos de lo que hay que hacer con el dinero: emplearlo con sabiduría para que no vuele como Pegaso.

A diario comprobamos que el dinero que llega fácil así de fácil se va. El dinero mal habido es maldito, y rápido se esfuma no sin dejar huellas funestas.

Por eso el hombre sabio ama el desapego y se sirve de las riquezas en lugar de servir a las riquezas. Todo lo contrario de lo que hace el necio, quien lleno de codicia compra el dinero demasiado caro y sacrifica su libertad y su paz interior.

Pidamosle a Dios sabiduría, de modo que sepamos usar el dinero sin sacrificar la felicidad ni vender nuestra conciencia.

Dichosos nosotros si las riquezas no nos esclavizan y le damos más importancia a las relaciones que a las posesiones. Al fin y al cabo, "el dinero es un buen sirviente, pero un mal amo". H. Bohn.

Mejoramiento personal

*D*e un autor anónimo es este inspirado mensaje: "Prométete a ti mismo ser tan fuerte que nada pueda turbar la paz de tu mente.

Hablar a todos de salud, felicidad y prosperidad. Hacer que los demás sientan siempre que hay algo bueno en ellos.

Prométete a ti mismo mirar el lado luminoso de la vida, actuar con optimismo, pensar sólo en lo mejor y esperar lo mejor.

Ser tan entusiasta con el éxito de los demás como con el tuyo, olvidar los errores del ayer y luchar por las metas del mañana.

Prométete sonreír más y dedicar tiempo a tu mejoramiento personal y a tus seres queridos.

Ser suficientemente generoso, firme y tolerante para combatir la pesadumbre, el miedo y la ruindad; ser feliz y dar felicidad".

Son promesas de mejoramiento personal que conducen al puerto de la felicidad cuando se convierten en compromisos de vida.

Así, sembrando lo mejor, recogemos lo mejor. Conviene tomar conciencia de que un día se nos pedirá cuenta de los talentos recibidos.

Ojalá medites el capítulo 25 de San Mateo.

Para dominar la ira

*L*a ira es una mala compañera y una pésima consejera. Es fuente de odios, rencillas, conflictos e infelicidad.

La pregunta es cómo remediarla. El filósofo Séneca lo expresaba así en la antigua Roma: "El mejor remedio contra la ira es la demora".

Es una cura más reactiva que preventiva, parecida al consejo de contar mentalmente hasta 10 antes de responder airados.

Aquí tienes cinco métodos para evitarla:

1. - **Crecer en realismo**. En efecto, muchas rabias nacen del perfeccionismo y de la incapacidad para aceptar errores.

2. - **Cultivar la tolerancia**. Es la virtud que nos lleva a valorar a los que piensan diferente y nos hace respetuosos.

3. - **Practicar la meditación**. 20 o 30 minutos diarios de calma en la presencia de Dios, nos dan un alma serena y un carácter sosegado.

4. - **Tener apertura**. Siendo receptivos, sabiendo escuchar, evitamos la rigidez y vivimos en un aprendizaje permanente.

5. - **Cultivar la sencillez**. Así se le cortan a la planta espinosa de la ira dos de sus raíces: el orgullo y la altanería.

Los padres no se separan

*L*os cónyuges son los que se separan, no los padres. Esta es una verdad que ojalá asumieran los padres y los hijos en una separación.

Es vital que aquellos esposos que no pueden convivir como pareja se puedan entender como padres de sus hijos.

Por eso toda separación debe ser sana y quedar libre de heridas emocionales, odios y trifulcas dañinas.

No es justo que los adultos lastimen seriamente a sus hijos por no saber separarse con madurez y serenidad.

Los terapistas matrimoniales insisten en que los padres jamás deben usar a sus hijos como armas.

Ellos deben quedar al margen del conflicto conyugal y es funesto que tomen partido a favor de uno o de otro.

Tampoco se les debe contar todo ya que así van a alimentar rencores eternos.

¡Cuán necesario es que una separación se realice en un clima de tolerancia y sosiego! Es lo mejor para la pareja, sus hijos y sus familiares.

Armonizar

*U*na araña puede producir más de 30 metros seguidos de su tela, lo que constituye un auténtico prodigio de la naturaleza. Es una fibra más suave que el algodón y más resistente que el acero.

Ahora, gracias a la ingeniería genética, los científicos están a punto de producir la fibra sintética de araña y emplearla en paracaídas, instrumentos ópticos, chalecos antibalas y muchos otros usos.

Es interesante constatar cómo nos sirve la naturaleza si en lugar de destruirla aprendemos de ella y la valoramos como un maravilloso don divino.

Necesitamos ser tan suaves como el algodón y tan fuertes como el acero.

En lugar de aprisionar a quienes amamos en la tela de araña del egoísmo, podemos animarlos a que se sirvan de esa tela para ser libres, como lo hace también el insecto. No nos conviene tejer una red para poseer a alguien. Sólo podemos ser felices con unas relaciones abiertas, exentas de una odiosa posesividad.

Dios nos ilumine de modo que sepamos armonizar libertad y responsabilidad, y disfrutemos unas relaciones serenas en las que aprendamos a ser suaves y fuertes en nuestro amor.

Un nuevo día

Saludo este nuevo día con esperanza y lo recibo con gratitud. Es un día más para sembrar fe y compartir alegría.

Saludo este nuevo día con la ilusión puesta en mejorar, avanzar, crecer y contribuir.

Hoy quiero sembrar amor donde haya odio, sembrar fe donde haya dudas y sembrar esperanza donde haya desesperación.

Seré un jubiloso sembrador de bondad y un vendedor de dulces sueños y grandes ideales.

Recibo este nuevo día sin las sombras de ayer, abierto al perdón, con Dios en el corazón. El es mi gozo y mi energía, El es mi luz y mi esperanza, El es mi amable compañía.

Acojo este día con ánimo resuelto, seguro de que todo fardo se hace más ligero si se lleva con amor.

Por eso las penas no me hunden y con Dios como refugio siembro y cultivo, seguro de que los frutos llegarán. Esa es mi fe y la fe convierte la semilla en trigo y el trigo en pan.

¡Ayúdate!

Cuando todo está oscuro, andas con "la depre" y no quieres nada de nada, poco ganas con incomunicarte aunque así lo quieras. Te haces más daño y haces sufrir a los que te aman.

Tienes que apoyarte en todo lo que te ayude a avanzar, aunque te sientas como un sonámbulo. Tienes que sacar fuerzas de donde puedas y dialogar con los que quieren ayudarte.

Igual debes hacer cuando un problema serio o una falla están bloqueando la comunicación con tu pareja. Rehuir el diálogo es convertir el hogar en un infierno.

Está bien que evites recriminaciones y alegatos, pero con silencios de semanas y hasta meses creas una tensión que enerva.

Aprende, pues, a dialogar con las 5 claves de una comunicación positiva: **Serenidad, Sencillez, Sinceridad, Solidaridad y Simpatía**.

Todo irá bien en tu casa si dialogar no significa alegar e injuriar.

Es útil ser creativos en la comunicación. Una nota, una canción que se dedica o un detalle, son valiosos si sientes que no puedes hablar.

El arte de fracasar

El arte de fracasar es tan importante como el arte de triunfar. Mejor aún, para triunfar hay que saber fracasar. "El camino para triunfar es duplicando el número de fallas", decía el fundador de la IBM, Thomas Watson.

Lo grave es que el facilismo y el exitismo están de moda y pocos quieren llegar a la cumbre después de un difícil ascenso.

Estamos asediados por una comodidad que anestesia el alma, y olvidamos que se aprende a vivir así como se aprende a caminar: a punta de caídas y tropezones.

En buena medida el narcotráfico tiene mucho que ver con la inversión de valores, ya que es muy tentador querer ganar en un viaje lo que otros se ganan en toda una vida de trabajo honesto.

¡Cuán importante es mirar la vida como una lucha en la que tantas veces se pierde al ganar y se gana al perder!

Jesús decía que quien acá pierde su vida por el Reino, la gana para la vida eterna, y que de nada sirve ganar el mundo entero si se pierde el alma.

Saber fracasar es aprender de las fallas, aceptar perder un combate para ganar la guerra y no dejarse tentar por un facilismo inmoral. Es "andar por la vía estrecha" del evangelio.

No es una vía cómoda, pero es segura. No tiene sentido subir en jet a la cumbre y bajar en cohete al infierno.

Lógica paradógica

*U*na sola frase bien meditada ilumina el sendero. Como ésta: "Cuando dos se unen, las dificultades se dividen y las fuerzas se duplican".

Los orientales son muy amigos de profundizar frases que por su aparente contradicción pertenecen a la llamada "lógica paradójica".

Pensamientos que no se pueden leer de prisa y que piden reflexión. Como los siguientes:

* Vemos las cosas como somos, no como son.

* Nadie es tu amigo, nadie es tu enemigo; todos son tus maestros.

* Observa qué se dice, no quién lo dice.

* Lo especial debe ser tratado en forma especial.

* Del caos surge el orden.

* Todo lo que odias te debilita, todo lo que amas y apoyas te fortalece.

* El amor es eterno mientras dura. Vinicius de Moraes.

* Luchar contra el sufrimiento, lo perpetúa.

Amigo, amiga, aprende a hacer un alto en el camino; y halla en la meditación esa luz y esa paz que tu alma ansía con afán.

Orgullo y terquedad

*S*aber vivir debiera ser la prioridad Uno A. No obstante, los seres humanos se dejan presionar por un mundo al revés y tienen como prioritarias cosas superficiales y abiertamente dañinas.

Es lo que le acaece a las personas tercas e inflexibles. Sostienen pésimas relaciones, se estrellan con todo el mundo y aún así insisten en no ceder.

Su orgullo los ciega y su tozudez les juega malas pasadas, pero se resisten a cambiar. A ellos se les aplica este cuento: Va un señor en su auto por una autopista muy congestionada y de pronto escucha en el radio un informe de tránsito.

Allí piden que se tenga mucho cuidado con un chofer loco que va en contravía. Nuestro hombre escucha el aviso, observa hacia adelante y exclama: ¿Un conductor loco? ¡Por favor, uno no, cientos!

Lo irónico es que lo anterior se ve cada día porque muchos van por la vida en contravía, convencidos de que los equivocados son los demás.

Más aún, cuando alguien les dice algo, se llenan de furia y no reconocen su error. Al fin cosechan lo que sembraron y su vida es un caos total.

Ojo con la pereza

*P*ara la inmensa turba de vagos y perezosos van estos dos cuentos, con la esperanza de que abandonen su desidia. Dicen que los indolentes decidieron crear el "Sindicato de los perezosos".

Fue así como optaron por enviar dos delegados a la oficina del trabajo para obtener todas las ventajas posibles. Pasadas las horas regresaron estos al dormitorio sede y se presentó este diálogo, entre bostezo y bostezo:

- Ahh... ¿Cómo les fue? ¿Qué consiguieron?
- Ahh... Traemos buenas noticias, respondieron ellos: De los 6 días laborales vamos a trabajar sólo dos y, algo mejor, únicamente en las mañanas.
- Ohh... bueno, y de vacaciones ¿qué consiguieron?

Con razón dicen que la pereza camina tan despacio que hasta la pobreza la alcanza.

Se cuenta también que dos perezosos de marca mayor estaban recostados debajo de un árbol y charlaban así:

- Ve, Ramiro, dijo uno, ¿Tenés por ahí un cigarrillo?

- Claro, dijo el otro, lo podés sacar del bolsillo de mi camisa.
- Bah, pues pa'eso lo saco del mío.

La vida no es complicada

Una de las frases que más repiten ciertas personas es esta: "¡Ah, qué vida tan complicada!". Es una queja insistente de personas de toda clase y condición, graduadas en pesimismo y expertas en el arte del lamento.

Reniegan de situaciones que ellos mismos provocan con su mal carácter o su incapacidad, pero le atribuyen el problema a la vida.

En efecto, uno comprueba que la vida es complicada para los mediocres, los egoístas, los que no quieren ni se quieren.

La vida también es complicada para los injustos, los deshonestos y los que dicen que creen pero no practican. Esto contrasta con peores situaciones en las que uno trata gente feliz, calmada y llena de amor y esperanza.

Curioso, ¿no?, para unos un contratiempo o un pequeño dolor son horribles mientras que un cuadriplégico vive contento.

Hay quienes están al borde del infarto por una pena, mientras uno ve a otros soportando con coraje un dolor 10 veces mayor. ¿Será la vida la complicada o lo seremos nosotros?

No a la codicia

Es duro verlo pero a muchos se les aplica este dicho de Ibsen: "Vale muy poco el oro cuando el alma está llena de tristeza".

La única riqueza verdadera es la del alma aunque la que seduce a muchos seres humanos es la material.

Y la Biblia es clara y directa al respecto:

"No hemos traído nada al mundo y nada podremos llevarnos de él. Mientras tengamos comida y vestido, estemos contentos con eso.

Los que sólo quieren enriquecerse caen en la tentación y en el lazo. Con muchas codicias insensatas y perniciosas se hunden en la ruina y en la perdición.

Porque la raíz de todos los males es el afán de dinero, y algunos, por dejarse llevar de él se extravían en la fe y se atormentan con muchos dolores".
1 Timoteo 6, 7-10.

Es un texto diáfano, que va al grano, y que invita a pensar cuán absurdo es sacrificar esta vida y la otra por dinero.

Nada hemos traído y nada nos llevaremos.

Fuego interior

*D*os días antes del descubrimiento de América, según cuenta Colón en su diario, los marineros exigieron retornar a España.

Habían perdido la esperanza, estaban agobiados y organizaron un motín que Colón logró calmar a duras penas.

Estaban a punto de rendirse cuando la meta ya estaba cercana, como nos pasa a todos en ocasiones.

¡Cuán importante es entonces mantener siempre agua en el río de la esperanza y fuego en la hoguera de la fe!

Sin alimentar espejismos necesitamos cuidar nuestro fuego interior, muy unidos a Dios y a todo lo que nos impulsa a avanzar.

Con "fuego en el corazón", hermoso nombre para el Espíritu Santo, ¿qué nos podrá detener?

¡Animo, pues! Sigue adelante aunque la noche te parezca eterna. No desesperes porque vas a ver la luz.

Así como el mar convierte la firme roca en suave arena, con una paciencia tenaz, tú también llegarás a la meta aunque te parezca inalcanzable.

Matemáticas del amor

*E*stas son las matemáticas que necesitamos: "Restar sufrimientos, dividir bienes, sumar alegrías y multiplicar esperanzas".

1. **Restar sufrimientos**. Es la misión que realizamos al ponernos en el lugar de los otros con una amorosa comprensión.

Al tratar a los demás como queremos ser tratados borramos las penas con el servicio y cambiamos lágrimas por sonrisas.

2. **Dividir bienes** que es lo mismo que compartir y hacer justicia social. Para lograrlo hay que creer en el desapego.

Dividir bienes es crear la hermandad con la solidaridad para que no haya demasiados con poco ni pocos con demasiado.

3. **Sumar alegrías** es el bien que hacemos con la magia del amor, con los detalles, el diálogo, el perdón y la ternura.

4. **Multiplicar esperanzas** es urgente cuando reinan la falta de fe y el desaliento. Seamos, pues, sembradores de ánimo y optimismo. En constante unión con Dios somos capaces de insistir y dejar este mundo mejor de lo que lo encontramos.

Aprender de la crisis

*L*o mejor que podemos hacer ante una crisis es preguntarnos con apertura y sencillez: "¿Qué puedo aprender de aquí?".

En efecto, toda crisis puede enseñarles lecciones de vida a los individuos y a los grupos.

Todo fracaso y todo problema esconden valiosas enseñanzas en el arduo ascenso humano hacia la madurez espiritual.

En el lenguaje de San Juan de la Cruz, el místico carmelita, diríamos que no se llega a la luz sin pasar por la noche oscura.

Por eso es tan importante enriquecer el espíritu por todos los medios, para no naufragar cuando arrecia el temporal.

Con alma fuerte sobrellevamos las penas sin hundirnos, y poco a poco salimos como la semilla que muere para dar fruto.

Las crisis están allí para darnos temple, acrisolarnos y centrarnos en lo que es importante más allá de dolorosos apegos.

En definitiva, temprano o tarde, aprendemos que el tesoro está en crecer espiritualmente. A eso vinimos.

Amor y masoquismo

*A*unque te parezca raro y hasta absurdo, verás que en muchas relaciones se da este curioso fenómeno:

* Una persona que quiere.

* Otra que se deja querer.

Y no es que la segunda no tenga expresiones de afecto, sino que es la otra la que sostiene la relación.

Son relaciones enfermizas, casi siempre, alimentadas por el pesar y por vacíos en la autoestima.

Son relaciones disparejas en las que alguien hace el papel de bobo y otro el de vivo.

Claro que los afectados no aceptan esta realidad porque les duele verse reflejados en algo tan contradictorio.

Familiares y amigos difícilmente evitan que los afectados se estrellen. Ya muy tarde abren los ojos.

Al ver esto a diario, uno no acaba de entender por qué hay tantas personas masoquistas, en especial mujeres.

Hipotecan la razón cuando se enamoran, confunden el amor con el pesar y sufren inmensamente en lugar de valorarse y ser felices.

Para crear hermandad

*C*onstruimos un mundo más justo y fraterno cuando conjugamos a diario estos tres verbos: Comprender, Concertar y Convivir.

COMPRENDER es hacer real el amor, es ponernos en lugar de los demás para poder entenderlos.

Comprender es actuar con esa misericordia que distingue a Dios y que El da a quienes lo aman (leer el Salmo 103).

CONCERTAR es acallar el egoísmo, dialogar y llegar a acuerdos de "ganar-ganar", sin perdedores que se tornan enemigos.

Concertar es saber ceder y negociar. Es equilibrar la firmeza y la tolerancia, con apertura y flexibilidad.

En el mundo de los negocios se define como beneficio mutuo en un acuerdo positivo para todos.

CONVIVIR es poner vidas en común en lugar de competir. Y, por supuesto, es el resultado feliz de comprender y concertar.

Convivir es guiarse por la bondad sin dejarse aprisionar por el poder. Es crear lazos de hermandad. Ahí están 3 llaves para lograr armonía: Comprender, Concertar y Convivir.

Una vida en miniatura

Cuento con un nuevo día. Es un regalo que se me da para crecer y madurar, amar y compartir.

Un nuevo día que puedo pintar con los más bellos colores y llenarlo de humanismo y de grandeza.

Como afirmaba el poeta romano Horacio: "Cada día es una vida en miniatura".

Puedo perderlo con el egoísmo y el odio o puedo iluminarlo con la bondad y el servicio.

Bendito Dios, que lo viva con tanta pasión como si fuera el primero y con tanta paz como si fuera el último.

Soy yo el que elijo curar o herir, alabar o maldecir, unir o dividir, reír o llorar, vivir o morir.

Bendito Señor, dame tu luz para hacer el bien, tu Espíritu para amar y tu fuerza para vencer.

Ayúdame, Señor, a vivir este día movido por la fe y animado por la esperanza. Gracias, mi Señor, por este nuevo día. Gracias.

Saber cambiar

*C*ambiar con sabiduría es vital en un mundo en constante transformación que aísla a los que se cierran al cambio.

Es necesario liberarse de aquellos frenos que bloquean el cambio:

1. **El temor**: Conviene avivar la confianza y así poder derrotar el miedo a lo nuevo y a lo que no se conoce.

De un modo especial hay que vencer el miedo a fracasar. Lo mejor es atreverse a fracasar y aprender de los errores.

2. **La costumbre**: Nada bueno podemos esperar de la rutina que nos aburre y nos paraliza. La vida necesita sorpresas.

3. **La duda**: Con una fe firme ganamos seguridad y nos decidimos a recorrer nuevos caminos.

4. **La incomodidad**: Sí, es cierto que un cambio causa molestias, pero no tantas como las que nacen de quedarse atrás.

5. **El pesimismo**: En lugar de esperar lo peor de un cambio, es mejor pensar en lo bueno que trae y en lo que pierde uno por estancarse.

¿No tengo tiempo?

*U*na de las mejores reflexiones que puedes hacer es descubrir qué hay detrás de la frase "no tengo tiempo...". Esa expresión, que casi siempre es una excusa o una evasiva, en realidad esconde hechos como estos:

-Sí tengo tiempo, pero eso no me interesa.
-Sí tengo tiempo, pero no quiero.
-Claro que tengo tiempo, pero lo estoy dedicando a otras cosas.
-Claro que tengo tiempo, pero esa no es mi prioridad.

Aunque nos cueste admitirlo tenemos tiempo, pero lo malgastamos o lo distribuimos mal.

Nos dejamos absorber por el trabajo hasta acabar con el amor, la amistad y la paz interior. Hay quienes rumbean 10 horas y no oran 10 minutos. Su tiempo no depende de buenas prioridades.

Ojalá organicemos bien los 1.440 minutos de cada día, ya que ante la muerte nadie ha querido haber dedicado más tiempo a los negocios y lo superfluo.

Y la próxima vez que digamos "no tengo tiempo", ojalá aceptemos que lo que queremos decir es algo bien diferente.

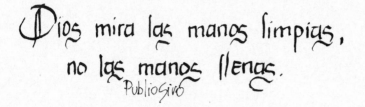

Dios mira las manos limpias,
no las manos llenas.
PublioSiró

Los que quieren lo que hacen
son más felices que aquellos que
hacen lo que quieren.
Rousseau

La felicidad y la virtud son dos hermanas
que no se separan jamás.
Epicuro

Arquitectos de las circunstancias

*S*egún el escritor Thomas Carlyle hay dos clases de personas en el escenario de la vida:

-Aquellos que se creen **víctimas de las circunstancias**.

-Aquellos que eligen ser **arquitectos de las circunstancias**.

Es una sabia observación que sirve de espejo para conocernos y mirar cómo vivimos.

En lugar de creer en un destino ya trazado debemos ser los creadores de nuestro propio destino. Aunque nuestra libertad no sea absoluta, es suficiente para que hagamos de nuestra vida un cielo o un infierno.

Con una buena autoestima, con fe y con honestidad hacemos de nuestra vida una gran obra y no un mal drama.

Siendo espirituales y realistas aprendemos incluso de las penas y crecemos en madurez.

Elijamos hacer que las cosas pasen en lugar de esperar que las cosas pasen. Tomemos el timón para que el barco no vaya a la deriva.

Cómo amargarse

*A*quí están siete recetas para amargarse y amargar a los demás en el ambiente de trabajo:

1. Piense sólo en usted, en sus metas y en sus intereses. No colabore con los otros ni trabaje en equipo.

2. Sea desleal con sus colegas, aprovéchese de ellos, pisotéelos para subir más y úselos a su amaño.

3. Siembre toda la cizaña que pueda. No olvide que el chisme es su arma más eficaz para desunir.

4. Haga de la envidia una aliada para hacer daño. En lugar de elogiar dedíquese a criticar.

5. No se crea el cuento ese de amar su trabajo y su empresa. Más bien obtenga lo máximo dando lo mínimo.

6. Si puede llegue tarde, salga temprano y robe con maña porque dicen que todo el mundo lo hace.

7. Sea rutinario, no tenga iniciativa, trate mal a los clientes y logre que le tengan miedo.

¡Ah, no lo olvide! Cuando todo salga mal y esté en la calle, culpe al jefe y a sus compañeros. Es que a usted no lo quieren y tiene mala suerte.

Siempre hay salidas

uentan que la cremallera nació de esta manera: la ideó un esposo como solución a un problema.

Nuestro hombre estaba cansado de abrochar o abotonar los vestidos largos que usaba su esposa.

Eran vestidos llenos de botones desde arriba hasta abajo y era cansón ir de uno en uno hasta terminar.

El esposo cambió un día las quejas por creatividad y surgió la idea del cierre o cremallera que hoy en día todos aprovechamos.

Siempre hay salidas cuando enfrentamos los problemas con calma y con mente positiva.

Siempre hay salidas cuando somos creativos y animosos.

Así convertimos las dificultades en oportunidades.

Como lo hizo el sastre judío Levi Straus cuando el ejército americano no le aceptó la tela de lona que él vendía en San Francisco.

Usó esta tela azul para hacer pantalones resistentes y así nacieron los Blue Jeans.

Fueron hechos con una tela rechazada en el año 1890.

La marea siempre vuelve

*L*as crisis son excelentes si se enfrentan con fe, calma y energía positiva.

En lugar de hundirnos nos mueven a cambios positivos, a corregir fallas y a purificarnos como el oro en el crisol.

De hecho, las palabras **crisis** y **crisol** vienen de la misma raiz griega ligada a la acción de limpiar y purificar.

Una crisis nos muestra que es necesario saber cambiar para adaptarnos a las nuevas circunstancias.

Lo grave es tapar la crisis como si nada pasara o darle soluciones superficiales y pasajeras.

Lo que conviene es actuar con sabiduría, llenar los vacíos, superar las fallas y atreverse a tomar decisiones para mejorar.

Con luz divina y mucha fe perseveramos hasta encontrar luz al final del túnel.

Así nos dejamos iluminar por la misma esperanza del pescador que tenía este letrero en su barca: "La marea siempre vuelve...".

Si, hay que esperar porque "la marea siempre vuelve".

Así es la naturaleza

E l animal más veloz en tierra es el guepardo, que puede correr a 110 Km por hora. Le sigue el jaguar, que alcanza los 105 Km por hora.

Luego vienen tres animales que corren a 96 Km por hora que son la gacela, el león y, ¡ojo!, el pato silvestre.

Una liebre y un canguro pueden correr a 70 Km por hora, un caballo a 65, y un galgo a 63.

Y hablando de los más lentos, un cerdo alcanza 17 Km por hora y un pollo corre a 15 Km por hora. (Un gallo debe correr más).

Una calmada tortuga anda a 200 metros por hora y el caracol camina a 3 metros por hora.

¡Cuánta variedad hay en este maravilloso mundo que Dios puso en nuestras manos para cuidarlo con amor!

Si pasamos al aire, la campeona es el rabihorcado, ave palmípeda que se alimenta de peces y vuela a 417 Km por hora. ¡Asombroso!

Un halcón peregrino alcanza 289 Km por hora y una golondrina 210. Una mariposita 20 Km por hora y una abejita 13. ¡Ah, cuán bello es este universo!

¡Admíralo, ámalo y descubre a Dios en sus obras!

Valorar lo que tenemos

A pesar de que eran ricos, Napoleón y George Washington nunca contaron con una pastilla para el dolor de cabeza.

Simón Bolívar, San Martín y Pancho Villa jamás pudieron tomar un taxi cuando necesitaba llegar pronto a algún lugar.

Ni Cervantes, ni Dante, ni Shakespeare tuvieron una máquina de escribir.

Los vikingos viajaron sin brújulas y Colón no pudo llevar alimentos enlatados ni un frigorífico.

Julio César y Napoleón jamás disfrutaron una pizza y tampoco disfrutaron del cine o la televisión.

Beethoven no pudo usar audífonos ni oir su música en un equipo de sonido. Mozart no pudo grabar sus composiciones.

Hipócrates y Galeno no se sirvieron de las vacunas ni de miles de avances médicos.

Y nosotros hoy nos quejamos de que no tenemos todo lo que queremos y de que esta vida es insufrible. Así somos. ¿Por qué seremos así?

Un problema es un reto

A las oportunidades les encanta disfrazarse. Casi siempre se ponen el disfraz de un problema.

Y las personas animosas van más allá del disfraz y ven en cada problema un reto y una oportunidad.

Como lo hicieron dos de los mejores oradores de la historia: Demóstenes y Churchill, que tenían problemas de habla.

Como lo hizo el más genial inventor de la historia a quien expulsaron de la escuela por torpe: Thomas Alva Edison.

No es fácil ver en cada dificultad una oportunidad, pero tú lo puedes hacer si cuidas tu fe y afianzas tu autoestima.

Necesitas dedicarle a tu alma cuidados diarios. Debes convencerte de que tu alma necesita un constante mantenimiento.

Necesitas dedicar cada día una media hora a la oración, la lectura de libros espirituales y la relajación.

Entonces, con un alma fuerte y valorándote mucho, eres capaz de cantarle a la alegría como lo hizo Beethoven superando su sordera.

¡Animo! Haz aeróbicos espirituales todos los días.

El mito de Narciso

egún la mitología, Narciso era hijo de Cefiso el Dios de los ríos. Era apuesto, guapo y orgulloso.

Las muchachas se morían por él, entre ellas la ninfa llamada Eco, pero Narciso se mostraba indiferente a ese cariño.

Eco se sintió tan desdichada por esa frialdad que todo se desvaneció menos su voz.

Los dioses encolerizados condenaron a Narciso a enamorarse del reflejo de su rostro en el agua.

Y se enamoró hasta tal punto de sí mismo que no pudo abandonar el lugar. Allí murió viéndose a sí mismo en el agua, y los dioses lo convirtieron en la flor llamada narciso.

De éste, como de todos los mitos, conviene sacar valiosas lecciones para no estrellarse en la vida.

Piensa bien y no permitas que te suceda lo que le pasó a la ninfa Eco: se perdió por no amarse a sí misma y no saber amar.

Y cuídate de ese narcisismo que acaba con los soberbios y los que caen en la trampa de valorarse sólo por su apariencia.

Como nació la Barbie

En el año 1959 nació la muñeca Barbie de la manera más curiosa, y su historia deja buena enseñanzas.

En ese año la gran empresa de juguetería Mattel iba a la quiebra con pérdidas por 440 millones de dólares.

Los ejecutivos de Mattel buscaban una salida, pero fue una mujer la que tuvo la idea salvadora.

Ruth Handler, esposa de uno de los fundadores, observó que su hija no se entretenía con las muñecas comunes.

La niña, como tantas otras, usaba su imaginación para ver en las muñecas lo que éstas no tenían.

Entonces surgió en la mente de la mamá el sueño de una muñeca diferente, real y sugestiva. Apareció la Barbie.

Y ya todos sabemos qué vino después, con una muñeca que sigue siendo una mina de oro para bien y para mal.

Pero lo valioso es mostrarnos cómo todos podemos ser creativos y cómo la creatividad aparece en la dificultad. Y algo más: las buenas ideas no son exclusivas de los expertos.

Epitafios

$\mathscr{C}$uentan que sobre la tumba de un hombre esclavo del dinero y tacaño pusieron este epitafio:

"Durante su vida sumó y multiplicó. Sus sobrinos agradecidos, restamos y dividimos".

También cuentan que una esposa puso este epitafio en la tumba de su esposo infiel, borracho y sinvergüenza: "Aquí yaces y haces bien. Tú descansas, yo también".

Son epitafios curiosos pero también los hay serios, como uno que al parecer existe en un cementerio brasilero.

Allí, según se lo escuché al gran comunicador Humberto López, se lee esto en la localidad de Caxias do Sul:

"Como nunca quiso todo lo que pudo, tampoco pudo todo lo que quiso".

Pero mi epitafio preferido, aunque no se lea en ninguna parte, es éste que podría escribirse en muchas tumbas: "Aquí yace alguien que mañana iba a cambiar".

Duro, ¿verdad? Vivimos aplazando la felicidad y postergando decisiones importantes. ¡Ojo!, el día para mejorar es hoy.

Dos espejos

En un libro de Leo Buscaglia leí esta curiosa e interesante pregunta: "Si yo viviera conmigo ¿desearía permanecer a mi lado?".

Una pregunta que más que ocurrente es valiosa si se medita y se aplica como clave de autoconocimiento.

Nos fascina culpar a los demás y buscar excusas para todo en lugar de sincerarnos y aceptar nuestra responsabilidad.

Y ahí malgastamos nuestras energías sin percibir que la culpa y las excusas nos hacen un daño terrible.

Lo que debemos hacer es actuar con honestidad y mirarnos en dos espejos para poder cambiar.

1. **El espejo de una conciencia recta**
El espejo de la conciencia recta nos aleja del engaño y nos ayuda a reconocer nuestras fallas.

2. **El espejo de las relaciones**
El espejo de las relaciones nos sitúa en la realidad, ya que son los demás los que nos dicen cómo somos.

Volvamos pues a preguntarnos: "Si yo viviera conmigo, ¿desearía permanecer a mi lado?".

Necesidad y dificultad

$\mathcal{L}$a necesidad y la dificultad son dos grandes maestras de la vida. Gracias a ellas mejoramos y maduramos. Son ellas las mejores aliadas para no caer en los lazos de la desgana y el estancamiento.

Lástima que una educación protectora y seducida por el facilismo, pretenda formar personas para un mundo sin conflictos. Un mundo mágico que sólo existe en la mente de los soñadores que acaban estrellándose contra la realidad.

Lo que hace falta es que padres, educadores y líderes aprendan a valorar la necesidad y la dificultad. Dos grandes amigas de los inventores, los descubridores y los auténticos líderes.

Es muy importante enseñar a fracasar y dejar que los niños y los jóvenes aprendan de las caídas.

Mucho mal nos hace confundir felicidad con facilidad. Después de todo el metal se templa en el fuego, y no se saborea el pan sin moler el trigo.

Crisis positivas

Es bien interesante conocer cómo apareció el café en polvo o café soluble en el año 1937.

Después de la gran depresión económica de los años 30, la crisis golpeó a millones de personas durante años.

Los problemas fueron tan graves, que un país como Brasil destruyó 65 millones de sacos de café entre 1931 y 1938.

Buscando soluciones, los cafeteros brasileros fueron a Suiza y pidieron a la empresa Nestlé que produjera café soluble.

Desde 1867 el químico Henry Nestlé había creado la leche en polvo. ¿Por qué no hacer también café en polvo?

Llevar la idea a la práctica no fue nada fácil -nada grandioso es fácil-, y la empresa se tomó siete largos años. Siete años de pruebas, de búsqueda y de ensayos. Siete años aprendiendo del fracaso como lo hacen los triunfadores.

Al fin los técnicos agregaron hidratos de carbono para estabilizar el aroma, y de una crisis surgió esa maravilla llamada café soluble. ¡Ah, cómo sirven las crisis cuando se manejan bien!

Saber callar

Se cuenta que Darío, rey de Persia, confesaba al final de su vida:
"Pocas veces me he arrepentido de haber callado; en cambio me he arrepentido muchas veces de decir lo que no debiera haber dicho". Anécdota muy oportuna para meditar en las ventajas de la prudencia y los estragos que causa la ligereza al hablar.

Muchas veces callar es un excelente modo de amar. Un silencio cauteloso nos libra de juicios temerarios, impertinencias y sandeces. Razón tenía el escritor ruso Dostoievsky al decir que "el silencio es siempre hermoso y el hombre que calla es más admirable que el hombre que habla".

Saber callar es un don inestimable y una muestra de esa sabiduría que alcanzan los seres equilibrados. En la Biblia encontramos altos elogios del silencio y allí se afirma que "en el mucho hablar no faltará el pecado".

Pidamos pues a Dios la gracia de no hacer daño con las palabras, de ser prudentes y amantes del silencio. Así, no sólo evitamos lastimar a otros con la lengua, sino que aprendemos a orar mejor.

Dios se deja hallar en el silencio.

Fuerza de los ideales

*M*e gusta este proverbio nórdico: "Si te atreves a buscar altos ideales, esos mismos ideales duplicarán tus fuerzas para lograr alcanzarlos".

Está comprobado que las metas nobles son un aliciente para el espíritu y motivan al ser humano a dar lo mejor de sí. Logro lo mejor cuando tengo una firme confianza y persigo los objetivos con decisión y entusiasmo.

No puedo vencer si rondan en mi mente pensamientos como estos: No puedo, es muy difícil, imposible, no soy capaz, no lo voy a lograr, voy a fracasar...

Lo que necesito es una mente positiva y un corazón animoso. Lo que necesito son altos ideales y mucha dedicación.

Como decía Willian James: "Todos podemos hacer más. Lo importante es que nos atrevamos a intentarlo".
Sí, yo puedo hacer más y progresar más con una fe viva, con tenacidad y con una esperanza inquebrantable.

Hoy levanto la mirada y me siento capaz de imponer nuevos records como los deportistas audaces. Como ellos busco retos que muestren de qué soy capaz.

Pájaros carpinteros

*L*os pajaritos derrotan a la más avanzada tecnología, podía ser el título de lo que todo el mundo apreció en la Nasa, allá en Cabo Cañaveral en junio de 1995.

¡Qué ironía y qué valioso mensaje!: unas pequeñas aves retrasaron un viaje espacial picoteando el transbordador!

Los pajaritos que perforaron la espuma naranja que recubría el Discovery y lo protegía del hielo, picotearon también el Super Ego de muchas personas.

Nada alejó a las avecillas: ni espantapájaros, ni búhos de plástico ni el ruido de las sirenas. Goliat de nuevo fue derrotado por David y el vuelo número 100 del Discovery tuvo que ser aplazado varios días.

Los pajaritos carpinteros nos dieron una lección de la grandeza de lo pequeño y de cuán importantes son los detalles.

Son tan importantes que los 135 pequeños agujeros del Discovery en su revestimiento exterior significaron pérdidas millonarias.

¡Ojo!, Conviene prestarle atención a los pájaros carpinteros de una relación, una empresa y de la vida misma.

7 reglas para dialogar

*S*aber dialogar es uno de los mejores regalos que puedes brindar a los otros y que te puedes dar a ti mismo. Cuando sabes escuchar mejoras tus comunicaciones, y cuando mejoras tus comunicaciones mejoras tus relaciones.

Aprender a dialogar supone, entre otras cosas:

1. Cancelar el egoísmo y cultivar un sincero altruismo que te mueva a valorar a los otros con una actitud dialógica.

2. Estar siempre abierto a los demás con la receptividad del aprendiz y sin las ínfulas del soberbio.

3. Interesarte genuinamente por los que piensan diferente y te ayudan a ver lo que tú no puedes o no quieres ver.

4. Crecer más y más en tolerancia y exorcizar males como el fanatismo, la discriminación y el irrespeto.

5. Prestar atención a quien te habla de modo que captes no sólo sus palabras sino todos sus gestos y emociones.

6. Asimilar las ideas ajenas con una comprensión que nos permite ponernos en el lugar del otro para entenderlo.

7. Dialogar en un clima de amor, serenidad y sencillez bajo la guía del mejor Maestro: Dios.

Vivir dando gracias

*L*os seres ubicados saben que vivir es luchar y no ven problemas en todo como los que le ponen lentes oscuros al alma.

Ojalá tú seas una de esas personas que vives dando gracias por los cultivos y no maldiciendo por la maleza.

Ojalá mires más las flores que las espinas y creas que, "a pesar de toda su farsa y sus penalidades, el mundo es todavía hermoso". Desiderata.

Elije apreciar todo lo bueno que hay en tí y en los demás en lugar de vivir quejándote, ya que si quieres ser un profesional de la amargura ni el mismo Dios podrá curar tu irredimible pesimismo.

Elige mirar las estrellas en la noche oscura y en lugar de renegar agradece todo lo que puedes disfrutar.

Y medita bien este pensamiento de Edward Hake:

"No lleves nunca a cuestas más de un tipo de problemas. Hay quienes cargan con tres: todos los que tuvieron, todos los que ahora tienen y todos los que esperan tener".

Siempre hay salidas

*N*o importa en qué situación te halles, por más desesperada que sea, siempre hay alguna salida. Tú por ahora no la ves y el desespero te grita: "Ya no hay nada qué hacer", con voces de pesadilla.

Sin embargo, hay alguna salida si logras serenarte, buscas ayuda y no dejas apagar la llama de la fe.

Como lo hizo Beethoven, quien ante la sordera desechó la idea de suicidarse y siguió componiendo.

La Novena Sinfonía, conciertos, sextetos y otras obras inmortales brotaron de un compositor sordo.

Repite, pues, una y otra vez: hay una salida y poco a poco la voy a encontrar.

Y para encontrarla aférrate a Dios, no te aísles de quienes te aman y alimenta tu alma a diario.

Medita este pensamiento: "Así como la luz brilla más en las tinieblas, la esperanza ha de estar más firme en las dificultades". Cervantes.

Inventario positivo

*U*no de los mejores hábitos que puedes adquirir es hacer un inventario positivo al despertar.

Allí mismo, en la cama, te dedicas a dar gracias por lo que tienes en lugar de quejarte por lo que te falta.

Antes de levantarte haces una lista de tus bienes y agradeces a Dios todos los beneficios.

Cada día puedes concentrarte en alguno de tus talentos o de tus dones: vida, salud, ojos, manos, pies, amigos, hogar, etc. etc.

Así inicias el día con optimismo y con entusiasmo. Así eres capaz de enfrentar situaciones difíciles sin perder el ánimo.

Ojalá dediques todos los días unos minutos a ese balance positivo antes de levantarte.

Si lo practicas día tras día, verás cómo el positivismo y la gratitud te llenarán de gozo y de confianza.

Lo importante es que hagas de esta vivencia un hábito diario y que inicies cada jornada unido a Dios. ¡Animo! Inicia tu día con bendiciones, no con maldiciones.

Elige ser feliz

Aunque parezca extraño, la mayoría de las personas son infelices porque han tomado la decisión de serlo.

Son infelices por una elección personal y no por una situación adversa, por más difícil que sea.

Lo prueba el hecho de que en la misma situación uno ve personas felices y personas infelices.

Por eso los maestros espirituales enseñan que los problemas no están en la realidad sino en nuestra actitud existencial.

Con una vivencia espiritual de aceptación y desapego, los seres que tienen un alma grande conservan la calma, aún en medio de la crisis más profundas.

Y hay también quienes se amargan la vida cuando lo tienen todo a su favor para ser felices, pero eligen sufrir y hacer sufrir.

Que la felicidad es casi siempre una elección, lo demuestran los limitados físicos que aman la vida y los que son pobres en dinero y ricos en alegría.

Vale pues la pena que yo decida ser feliz en lugar de sufrir por situaciones que otros aceptan, estando ellos muchas veces en condiciones más difíciles que las que yo vivo.

Los soberbios se estrellan

Los sabios coinciden en estigmatizar el orgullo como fuente de todos los males, y lo hacen con toda razón.

Hasta un accidente aéreo puede ser causado por esa falsa seguridad que nace de la arrogancia. Y es que lo grave del orgulloso es que o no reconoce sus vacíos o jamás acepta ayuda para superarlos.

No, sus complejos de supermán o de mujer maravilla ciegan a los soberbios que eligen estrellarse antes que corregir. Dios quiera que tú no seas uno de esos que suelen repetir:

* Así soy yo y no voy a cambiar.
* No necesito ayuda de nadie.
* Yo solito resuelvo mis problemas.
* ¡Que cuentos! ¿Quién le va a ayudar a uno?

Estas evasivas impiden al soberbio corregir sus fallas y lo llevan de estrellón en estrellón.

Todos necesitamos humildad para crear buenas relaciones y evitar lastimosas frustraciones. La humildad es la raiz de todos los bienes.

La hermana muerte

*P*arece que necesitamos del dolor para acrisolar el amor y valorarlo. Parece que sin la muerte no apreciamos la vida.

Aunque no nos guste, la muerte es la mejor maestra de la vida. Es ella la medida de lo que somos y lo que hacemos.

Sólo la muerte calibra sin engaño la hondura o la superficialidad de nuestra vida y nuestras relaciones.

Esa "hermana muerte" de la que hablaba serenamente San Francisco de Asís es la que:

* Iguala sin distingos a todos.
* Pone todo en su verdadero lugar.
* Quita las máscaras y deja la verdad desnuda.
* Desinfla el ego de los soberbios y enaltece a los sencillos.
* Nos centra en lo que sí es importante, con desapego.
* Despierta conciencias aletargadas y propicia cambios.
* Despierta solidaridad y une corazones.
* Nos recuerda que estamos de paso.

La muerte es maestra de la vida y nos da luces para sanar el pasado, aprovechar el presente y planear el futuro.

Cómo viven los muertos

*L*os que creemos que morir es renacer tenemos más preguntas que certezas sobre la vida en el más allá. No obstante, la fe y la razón nos dan elementos para creer que nuestros difuntos viven así:

1. Su alma inmortal recibe un cuerpo espiritual luminoso; un cuerpo visible pero inmaterial.

2. Como su esencia no cambia siguen amando, sintiendo, pensando y madurando. Son acciones que no dependen de lo físico.

3. Allá se encuentran con los que ya habían trascendido y comparten un mismo nivel de crecimiento espiritual.

4. Esos niveles separados entre sí son algo así como los círculos de los que habla Dante, sin aferrarnos a sus descripciones. Jesús los describió como moradas: Juan 14,2.

5. Cada cual recoge lo que sembró y está tan cerca o tan lejos de la luz y el amor como él mismo lo vivió acá.

6. Parece que los primeros días su vínculo con nosotros es más fuerte y algunos pueden vernos. Pero lo mejor es no tratar de comunicarse con ellos para no perturbarlos. La oración, en cambio, es la mejor ayuda para ellos y para nosotros.

Ética es sumar el bien, restar el mal, multiplicar el amor y dividir lo que se tiene. G. Gallo

Los que creen que el dinero puede hacer cualquier cosa, terminan por hacer cualquier cosa por dinero.
Voltaire

Cada vez deseo más poco
y lo poco que deseo,
  lo deseo poco.

San Francisco de Asis

No hagas de tapete

ay tres pensamientos excelentes para tomar conciencia de cuán nociva es la baja autoestima:

- Al que se vuelve tapete, lo pisan.

- Si eres cojín ¿por qué te quejas cuando se te recuestan?

- Serios males nacen de confundir la bondad con la bobada.

Así como hay seres que confunden la autoestima con la autosuficiencia, abundan los que no se quieren ni un poquito.

Por eso todo el mundo abusa de ellos, comenzando por los mismos familiares.

Uno ve en muchas casas a un solo hijo llevando el peso de todo como el tonto del paseo.

Y lo grave es que muchas mamás patrocinan esto y defienden a los vagos que sólo saben explotar.

Así se erigen en cómplices de la viveza de unos y la pendejada del que hace de "bueno".

Está bien apoyar a quien lucha por salir, pero no es justo sostener a los irresponsables.
¡Ojo! ¡No hagas de tapete! Amate a tí mismo.

3 Clases de personas

*H*ay tres clases de personas en todas partes: **espectadores** que observan, **destructores** que obstaculizan y **constructores** que aportan.

Los que observan son pasivos y ven como pasa la vida sin comprometerse. Los destructores son la minoría pero influyen mucho porque suelen entregarse al mal con pasión.

Todos tenemos el reto de ser constructores de un mundo más justo y más humano.

Es un desafío que nos ubica en la vida, nos identifica con una misión de servicio y nos da felicidad.

Así practicamos la ley de dar y darnos, de amar y servir y de contribuir al mejoramiento continuo.

Dios está a nuestro lado cuando elegimos ser constructores de una sociedad en armonía.

En lugar demirar o criticar, elegimos aportar y servir, convencidos de que la alegría nace de un servicio generoso.

El sicólogo Abraham Maslow descubrió que los líderes siempre vivían para una misión: eran constructores y eran felices dando felicidad.

El pesar hace daño

*L*os peores males son los que se hacen con buena intención porque no se reconocen.

Casi siempre nacen del pesar y de una bondad distorsionada que en realidad es complicidad con el mal.

Y ahí está lo grave del asunto: ¿Quién convence al que dice ser bueno para que abra los ojos?

No, no hay poder humano que le haga ver a ese ser "bueno" todo el daño que causa con la alcahuetería o la ingenuidad.

Un buen ejemplo de cómo hay que saber armonizar el amor con la exigencia lo tenemos en Jesucristo. El maestro fue bueno con los que se arrepentían pero también sacó a los vendedores del templo y criticó a los fariseos sin dejar de ser amoroso. Un buen texto para entenderlo es el Capítulo 23 de San Mateo.

El amor pide energía. El verdadero amor es exigente y no lo debemos confundir con la lástima ni con el pesar. Donde hay amor hay disciplina, hay límites y hay exigencia.

Prioridades

*S*i de verdad quieres ser feliz elige hacer tres cosas:

1. Definir bien tus prioridades en la vida.
2. Ser fiel a ellas con un serio compromiso.
3. Buscar apoyo humildemente en Dios y los que te aman.

Muchos se mueren sin haber vivido porque nunca eligieron bien sus prioridades o no fueron fieles a ellas. Otros las supieron definir, pero el orgullo los frenó para dejarse ayudar y se la pasaron de estrellón en estrellón.

De ahí que las palabras *buenas prioridades*, *serio compromiso* y *buscar apoyo*, sean tan importantes. Son realidades propias del fascinante mundo de los valores. Un mundo ignoto para tantos sin paz en el alma.

Un mundo que no visitan quienes nadan en lo superfluo y que ojalá mediten este mensaje:

"Tu paz interior vale más que todo. Pierdes tu riqueza y pierdes poco. Pierdes tu salud y pierdes algo. Pierdes tu paz interior y lo has perdido todo".

Superar problemas

*L*o mejor que puedes hacer ante los problemas se resume en tres acciones: aceptarlos, manejarlos y superarlos.

Lo primero es la ACEPTACION realista y serena. Nada arreglas y sí agravas todo con la negación o la evasión.

Sin caer en la resignación acepta el problema, asúmelo con fe y entereza y busca ayuda a tiempo.

Y estas son algunas de las actitudes para hacer un buen MANEJO del problema y madurar con él:

Un cultivo espiritual, mucha sencillez, suficiente calma, perseverancia y dejarse ayudar.

Es nefasto creer que el tiempo arregla problemas serios; antes bien, los agrava o los deja latentes.

En un tercer momento está la SUPERACION, que puede coincidir con el fin de la crisis o la misma aceptación de lo inevitable.

Lo que más te puede motivar a la superación es el testimonio de tantos que en iguales o peores circunstancias sonríen, aman la vida y salen adelante.

Amar a los de cerca

*E*ste es un buen día para meditar lo que nos enseña con su vida y sus palabras la Madre Teresa de Calcuta:

"Es fácil amar a los que viven lejos, pero no siempre es fácil amar a quienes viven a nuestro lado. Es más fácil ayudar a un pobre que calmar la sed de amor de quien no se siente amado en nuestro hogar.

Necesitamos el empuje sanador del amor en nuestras familias, necesitamos acercarnos a Dios de verdad. Sin su constante presencia es imposible que podamos comprendernos, aceptarnos y estar unidos".

La convivencia nace de la aceptación, la aceptación brota de la comprensión, y la comprensión nace de la unión con Dios.

Es importante cuidar nuestra fe y contar con Dios en todo momento y no sólo en la necesidad.

Así podemos amarnos y amar a los de cerca y a los de lejos. Ojalá nuestro hogar no esté lleno de cosas y vacío de amor.

No seas luz en la calle y sombra en el hogar.

Elogio de la dificultad

ale la pena meditar estas sabias palabras del pensador Estanislao Zulueta en su *Elogio de la dificultad*:

"Nos gusta inventar paraísos e islas afortunadas; una vida sin riesgos, sin lucha, sin búsqueda de superación y sin muerte".

Ese es el sueño vano de los que confunden felicidad con ausencia de problemas y de obstáculos. Aquellos que quisieran sacar el fruto directamente de la semilla, sin siembra, sin espera, sin plagas y sin estaciones.

Los mismos que sueñan con relaciones angelicales carentes de conflictos como en los cuentos de hadas. Y claro, acaban por estrellarse contra una realidad que, afortunadamente, ofrece dificultades. Cuánta falta nos hace un elogio de la dificultad que nos lleva a esforzarnos, crecer y dar lo mejor de nosotros mismos.

La dificultad es como el horno para el metal. Sin ella somos prisioneros de la pereza y el tedio. El esfuerzo y la disciplina nos dan fortaleza y carácter.

El arte de escuchar

*E*l arte de escuchar es en buena medida el arte de comprender y el arte de respetar. En efecto, quien mejor escucha es aquel que, sin egoísmo, sabe ponerse en lugar de los demás. Así logra entender las razones de los otros y ve las cosas desde otra perspectiva.

Escuchar es también actuar con un respeto que lleva a aceptar y valorar a quienes piensan diferente. Entonces crecemos en pluralismo, afianzamos la tolerancia y nos abrimos gozosos a la riqueza de la variedad.

Somos como el buen músico que escucha toda clase de ritmos y se alegra de que haya tantas melodías diferentes.

El arte de escuchar es un arte vedado para los egoístas y los soberbios que no saben vivir. Pero es una vivencia diaria para quienes saben amar y cuidan sus relaciones con una buena comunicación.

Escucha tu propia voz interior, escucha a Dios y podrás escuchar a los demás.

Saber adaptarse

*S*aber adaptarse es saber vivir. Saber adaptarse es saber discernir, iluminando la realidad con la sabiduría.

Así se aprende a conservar valores perennes, a no negociar los principios y a cambiar lo que conviene cambiar.

Nada tan importante como cultivar el don del discernimiento en vivencias de meditación e interiorización.

Un don espiritual que se ejercita cuando vivimos unidos al Espíritu Santo, dispuestos a dejarnos guiar por él. (Isaías 61).

A diario debemos llegar a un remanso de paz llamado meditación para aquietar el alma y recibir luz divina.

Cada día necesitamos crecer en discernimiento y elegir lo mejor, sin lastimarnos ni lastimar a otros.

En efecto, muchos conflictos nacen o se agigantan por ausencia de paz interior, por precipitación o por llamar bien al mal y mal al bien.

Y eso es lo que Dios da a quienes lo aman y lo siguen: el don para distinguir la verdad de la mentira y elegir lo que es bueno.

Aprender del error

Los errores bien asumidos son mejores maestros que las victorias. Casi siempre aprendemos más de los fracasos que de los triunfos.

¡Cuán importante es aprender a fracasar! ¡Cómo nos sirve recordar que es sabiendo perder como se llega a ganar!

Hay que educar en el arte de fracasar porque estamos asediados por un facilismo y un inmediatismo que dan miedo.

En este mundo de comodidad refinada es difícil aceptar que aprender a vivir es como aprender a caminar: se aprende a punta de tropezones, caídas, y un buen número de golpes. Nadie camina bien en los primeros intentos.

Por eso decían los romanos hace siglos: uno aprende equivocándose. En Latín: *Errando, discitur.* Con lo cual no se está patrocinando la mediocridad sino aceptando con realismo que es de sabios presupuestar pérdidas e imprevistos.

Nos hace bien vacunarnos contra la soberbia que engendran los triunfos fáciles. Lo mejor es graduarnos en sencillez y en perseverancia.

Cuidar la relación

Un experto en terapia familiar me aseguró que lo grave de muchas relaciones no radica en los conflictos que afrontan sino en estas dos actitudes negativas:

1. La incapacidad de muchos para reconocer sus errores y buscar ayuda. Se creen perfectos y culpan a su pareja de los males.

2. La inmadurez y la inconstancia para manejar los problemas. Esperan soluciones cómodas e inmediatas.

Yo estuve de acuerdo con su diagnóstico y me permití agregarle otras dos razones:

3. La nula o pobrísima vida espiritual de las parejas. Carecen de energía interior porque su espiritualidad es de papel.

4. El pobre papel que desempeñan los parientes: se parcializan, dan como única salida la separación y juzgan sin discernir.

Conviene que meditemos sobre estos puntos porque es alarmante el número de fracasos que se podían haber evitado.

Y hay otro punto para resaltar: pocas parejas cuidan su relación y previenen los problemas. No, viven de la inercia y, claro, toda planta se muere sin cuidados diarios. ¡Que pena, somos reactivos en lugar de ser proactivos!

La anestesia

*E*s bien interesante conocer cómo y cuándo se empezó a utilizar la anestesia, lo cual nos remonta a 1840.

Fue un dentista de Estados Unidos, llamado Horacio Wells quien decidió experimentar los efectos sedantes del protóxido de nitrógeno.

Le aplicó el gas al asistente de un colega suyo. La persona perdió el sentido y cayó al suelo; después dijo que no había sentido el golpe.

Entonces Wells se hizo extraer un diente cariado, y al no sentir dolor, vio que se abría un nuevo campo para la odontología.

Luego fue el Dr. Morton, un discípulo de Wells, quien realizó la primera intervención quirúrgica con éter, el 16 de octubre de 1846.

Me fascina recordar estos avances; no sólo porque me llevan a agradecer tantas maravillas, fruto de la inventiva del ser humano, sino porque me animan a servir.

¿Cómo no animarse a hacer el bien al hacer memoria de aquellos que mejoraron nuestra calidad de vida?

Tenemos una deuda de gratitud con los que vivieron antes y un compromiso de servicio con los que vendrán. No permitas que el egoísmo te anestesie.

¿Será que me separo?

Es seguro que en varias ocasiones usted ha oído esta frase u otra parecida: "¿Será que me separo?".

Frase que se puede decir a raíz de una crisis normal y superable o ante conflictos intolerables.

En el primer caso la solución consiste en calmarse, valorar lo positivo, llegar a acuerdos y avivar el amor.

En el caso de relaciones rotas, lo que uno se pregunta es cómo hay personas que puedan aguantar tanto.

Es absurdo arrastrar una relación muerta sólo por los hijos, por temor a la soledad, por un afecto enfermizo o por no aceptar el fracaso.

Pero así se hace y, por no tomar decisiones a tiempo, hay personas que acaban odiándose en lugar de separarse amigablemente.

El hecho es que cuando algunas personas dicen "¿Será que me separo?" llevan meses o años separadas pero viviendo juntas.

Lo que están definiendo es si se van a vivir aparte porque están separados desde que el amor se murió. Y un amor muerto lastima a esposos, hijos y parientes.

Dos corazones

Cuentan que hay una tribu africana en la que creen que ciertas personas tienen dos corazones.

Según esta curiosa creencia, esas personas son las que llevan una vida doble y mezclan de continuo la bondad y la maldad. En dicha tribu no pueden aceptar que alguien ame y odie con el mismo corazón, y con el mismo corazón dé vida y dé muerte.

Lastimosamente eso sucede y hay quienes se desgastan a diario en una guerra interior por cojear de ambos pies, como decía el gran profeta Elías. 1 Reyes: 18, 20-40.

Le prenden velas a Dios y al diablo, se guían por una doble moral y es mucho lo que sufren y lo que hacen sufrir.

De algún modo se identifican con esas personas tibias que la Biblia rechaza con palabras agrias:

"Conozco tu conducta: No eres ni frío ni caliente. ¡Ojalá fueras frío o caliente! Ahora bien, puesto que eres tibio y no frío ni caliente, voy a vomitarte de mi boca". Apocalipsis 3, 15-16.

La muerte y la vida

Ante la muerte nos golpea la incertidumbre en un remolino de sentimientos encontrados.

Nos movemos en la cuerda floja como trapecistas que avanzan entre la duda y la confianza. No tenemos certezas pero necesitamos aferrarnos a nuestras creencias para no ser presa del desespero.

Y es en la fe, en la esperanza y en el amor donde podemos hallar la luz que aleje las sombras y el desaliento.

Si afianzamos estas virtudes nuestro dolor es más llevadero aunque la tristeza nunca se despida del todo. Algún día nos sentimos más capaces de avanzar, convencidos de que la muerte es un paso doloroso a una vida plena.

Como afirmaba Tagore: "Algún día veremos que la muerte no puede robarnos nada de lo que nuestra alma ha ganado".

Sí, si no desesperamos podemos decir también como Tolstoi: "La muerte no es más que un cambio de misión".

Consciencia ecológica

ada cinco segundos desaparece un área de bosque del tamaño de un estadio de fútbol. ¡Qué horror!

Eso significa que cuando los nietos sean adultos tal vez ya no haya bosques sobre la tierra, y sólo los conozcan en fotos o en videos.

Tenemos que amar y cuidar este planeta en lugar de convertirlo en un árido desierto, sin aire, sin agua y sin verdor.

Y uno de los caminos para practicar la ecología es ahorrar agua, no contaminar el aire y sembrar árboles.

Pero hay algo mas urgente: debemos acabar con un consumismo desaforado que nos convierte en compradores compulsivos.

No nos dejemos manejar por una publicidad que multiplica "necesidades innecesarias", como criticaba Bernard Shaw.

Aunque no sea fácil tenemos que aprender a decir **"eso no lo necesito"**, y dejar de ser esclavos de la moda y las marcas.

Asumamos algún compromiso para que la ecología no se quede en palabras. No es una afición, es un desafío antes de que sea demasiado tarde. Como lo ha sido para las especies extintas.

Tres principios

*P*ocos saben que la palabra mundo viene del latín *mundus* que significa limpio y que en esta palabra se nos propone un reto para actuar con ética.

¿Hasta que punto construimos a diario el mundo como un espacio de pureza, ajeno a toda clase de inmundicia?

¿Dónde están los líderes íntegros que despiertan credibilidad por su vida recta y transparente?

Líderes como Mahatma Gandhi que tenía estos dos principios como guías de su acción:

1. El servicio a la verdad. (*Satya-graha* en sánscrito).

2. La no violencia basada en el amor tolerante. (*Ahimsa*, en sánscrito).

El enorme desafío que todos enfrentamos es el de centrar nuestra vida en unos principios que sean puntales, firmes y confiables.

Y esos se pueden reducir a estos tres que son la base y la raíz de todos los valores: Amor, Honestidad y Espiritualidad.

Cuando somos fieles a esos principios podemos confiar en días mejores. Sólo podemos convivir en paz y progresar si no negociamos los 3 principios fundamentales: Amor, Honestidad y Espiritualidad.

La dificultad educa

ay que insistir en el tema de la dificultad como maestra de la vida. Algo tan urgente en un mundo facilista y permisivo.

Y nada mejor para valorar los obstáculos que este texto de ese gran pensador nuestro llamado Estanislao Zuleta:

"Nos hace daño el ideal tonto de la seguridad garantizada, de las reconciliaciones totales y de las soluciones definitivas. Nuestro problema no está en la frustración de nuestros deseos sino en no saber desear. Deseamos mal.

En lugar de desear una relación humana inquietante, compleja y perdible, que estimule nuestra capacidad de luchar y nos obligue a cambiar, deseamos un idilio sin sombras y sin peligros. Un nido de amor y, por lo tanto, en última instancia, un retorno al huevo".

Cuánta falta nos hace un retorno, no al útero cómodo y tentador, sino al aprecio de la disciplina y la dificultad.

Valores como compromiso, disciplina y superación son los que debemos oponer a una cultura que engendra más mediocres que líderes íntegros.

Vemos como somos

Un estudiante le dijo a su profesor: "Perdone, señor, pero no he sido capaz de descifrar lo que usted me escribió al margen en mi último examen".

"Le decía que escribiera usted con letra más legible", replicó el profesor.

Lo anterior no es sólo un apunte gracioso sino una muestra de lo que nos sucede a diario en el trato con los demás.

La mayoría de las veces los defectos que vemos en los demás son nuestros propios defectos. De algún modo siempre vemos a los otros así como nos vemos a nosotros mismos, y nuestras relaciones son el mejor espejo para conocernos.

Nos pasa como al esposo que le dice a su señora en una fiesta: "Sería mejor que no bebieras más, mi amor. Ya estás empezando a parecer borrosa".

Ojalá nos miremos en el espejo de las relaciones y cambiemos nosotros en lugar de querer cambiar a los demás.

Un excelente libro para lograrlo es *Las 7 leyes espirituales del éxito* de Deepak Chopra. Hay que leerlo, discernirlo y practicarlo.

Valle de la muerte

En California hay un sitio conocido con el nombre de *Valle de la muerte*. Es uno de los lugares más calurosos del planeta. Tanto que el 10 de julio del año 1913 se registró allí una temperatura de 56.7 grados centígrados.

La segunda más cálida que se ha medido es una de 58.0 grados centigrados, en un lugar de Libia llamado el Azizia, en el año de 1922.

Según los expertos se han presentado temperaturas más ardientes pero no han quedado registradas.

Cuando hallé estos datos me puse a pensar cuán fácil se le sube la temperatura a los seres belicosos y de mal carácter. Aquellos a los que no hay que sacarles la piedra porque siempre la mantienen afuera. Personas que casi siempre están mal consigo mismas y por eso están mal con los demás. Necesitan ganar paz interior.

¿Cómo? Con un diario cultivo espiritual, con la presencia de Dios, dándole prioridad al amor y creciendo en realismo. No es fácil pero más difícil es hacer de la vida un infierno en la tierra.

La Madre Tierra

*A*prendamos de nuestros ancestros indígenas a querer y a cuidar la Tierra. Así la veían o la ven en su cultura:

- La Tierra Madre es una anciana que ampara a sus hijos y una joven virgen que se renueva constantemente. Se le deben ofrecer dones de gratitud al compartir la comida y en los ritos del ciclo agrícola.

A la Madre Tierra hay que mirarla como un objeto de contemplación y no sólo de producción. (Indios Aymaras).

- La Tierra o *Tekoha* es un cuerpo vivo con piel, pelos, flores y colores, luces y perfumes, aves e insectos. La Tierra da amor y pide amor. (Indios Guaraníes).

- La Tierra es una madre que multiplica la vida de todos. Hay que respetarla y pedirle permiso para cultivarla. Esto se hace en un rito en el que se quema el copal, una goma con olor parecido al incienso.

Las mujeres embarazadas se pasean por la tierra para que el bebé entre en contacto con ella y se encariñe con esa otra madre. (Indios Mayas).

No enterrarse en vida

Pedro Cieza de León fue un cronista de Indias que por allá en el año 1554 escribió este comentario:

"Y a la verdad en la mayor parte de las Indias se tiene más cuidado en hacer y adornar las sepulturas donde han de meterse los muertos, que no en aderezar la casa en que han de vivir estando vivos".

De ese entonces hasta hoy las cosas no han cambiado mucho para algunas personas demasiado apegadas a sus difuntos.

Con un amor mal orientado dedican a los muertos y las tumbas un cuidado que ojalá dirigieran a sus seres queridos vivos. Claro que es duro decir esto porque se puede entender que uno no tiene corazón ni sentimientos.

Pero conviene mirar otras culturas que, sin dejar de amar a sus muertos, toman la muerte con más serenidad y más libertad. Como en el Tíbet o en la India.

Con un amor menos dependiente, una fe más viva y la esperanza clara de otra vida, podemos liberarnos de un culto enfermizo a nuestros difuntos.

Y es mejor hacerlo así ya que hace mucho daño enterrarse en vida y olvidarse de los que viven por recordar a los que murieron.

Definirse a tiempo

*P*or no definirse a tiempo se cometen locuras en el amor y es mucho el daño que se causa.

El desatino más frecuente es el de embarcarse en una nueva aventura sin terminar la relación que aún se sostiene. ¡Qué locura!

Los líos que surgen son de telenovela y esa doble vida es fuente de estrés, altercados y grandes injusticias.

En especial cuando hay hijos de por medio de uno de los amantes o de ambos. Entonces se vive jugando con explosivos.

Lo que menos usan los amantes es la cabeza y no alcanzan a tomar conciencia de la intensidad de sus locuras.

Ponen en subasta su honra y la de los demás, hieren con su traición y a veces la aventura se viste de sangre o de luto. La clave está en no iniciar jamás una relación sin terminar otra. La clave está en definirse.

Pobre de ti si estás jugando con fuego. Después no te quejes ante el incendio. Reflexiona, valórate, acércate a Dios y actúa con recta conciencia por tu bien y el de los que dices amar.

Injusticia

Nos movemos en el mundo del absurdo en el que la realidad supera a la ficción y lo normal es lo anormal.

Un rápido vistazo al oscuro panorama de la injusticia mundial lo prueba hasta la saciedad:

El mundo desarrollado destina el 5.5% de sus ingresos a los gastos militares y sólo el 0.3% en ayuda a los países pobres.

Los gobiernos del mundo gastan en 2 días más dinero en armas que el que gastan las Naciones Unidas en 365 días para la paz, la salud, la educación y los problemas sociales.

En este mundo desquiciado contamos con un soldado por cada 43 habitantes y un médico por cada 1.030 habitantes.

Y algo más absurdo todavía: en los últimos 30 años los países pobres han multiplicado sus gastos militares por seis.

Ahora bien, lo triste es adivinar con dolor la dimensión de toda la miseria y el sufrimiento que se esconden detrás de esas frías cifras.

El desafío es sembrar justicia para que nazca la paz y acabar con el derroche, el consumismo y la insensibilidad. ¿Cuál es tu compromiso?

Saber ver T.V.

uando veas televisión da gracias a Dios por semejante maravilla y aprende a elegir lo que te eleva y a desechar lo que te degrada.

Da gracias también a aquellos que con grandes esfuerzos crearon y perfeccionaron semejante milagro.

El pionero fue un escocés llamado John Baird quien en 1924 logró transmitir la imagen de una cruz a través de dos habitaciones. Al año logró plasmar sobre un receptor la imagen de una muñeca y, tras muchas pruebas, lo hizo con un rostro humano en la que llamaban "Pantalla mágica".

La primera demostración oficial se hizo en Londres en 1926, y las primeras emisiones televisadas se efectuaron allí mismo, en 1929.

Un ingeniero de origen ruso, llamado Vladimir Zworikyn, perfeccionó el invento en 1934. Después vinieron más avances.

Es importante recordar todo esto para valorar lo que disfrutamos y animarnos a servir así como otros nos han servido. Y también es importante que un medio de comunicación tan genial nos acerque en lugar de incomunicarnos. Debemos ser televidentes críticos, no teleadictos robotizados.

Ojo: No dejes que un medio de comunicación te incomunique.

¿Somos humanos?

"Cuando te veo vivir de modo contrario a la razón, ¿te llamaré hombre o bestia? Cuando te veo arrebatar las cosas de los demás, ¿cómo te llamaré, hombre o lobo?

Cuando te veo hundirte en la lujuria, ¿cómo te llamaré, hombre o puerco? Cuando te veo engañar a los otros, ¿cómo te llamaré, hombre o serpiente?

Cuando te veo lleno de veneno, ¿cómo te llamaré, hombre o víbora? Cuando te veo obrar neciamente, ¿cómo te llamaré, hombre o asno?

Pero hay algo más grave: cada bestia tiene sólo un vicio: el lobo es ladrón, la serpiente engañosa, la víbora venenosa y el puerco sucio.

Pero del hombre malo ¿acaso se puede decir lo mismo? No, porque suele tener no un vicio, sino varios a la vez.

Puede ser ladrón, embustero, venenoso, impuro... y reune todos los vicios de los brutos". San Juan Crisóstomo.

Inquietante texto que ojalá nos mueva a actuar con la dignidad que tenemos: nada menos que la de Hijos de Dios.

Lo que más necesitamos es sentir a Dios en el alma, verlo en los demás y recordar que un día daremos cuenta de lo que hemos vivido.

La muerte: nuevo comienzo

*L*a muerte nos golpea tan fuerte que conviene acudir a las creencias de buenos guías para no caer vencidos.

Me atrae, por ejemplo este pensamiento del literato y premio nóbel alemán Thomas Mann:

"Morir es salir fuera del tiempo. Pero también es ganar la eternidad y la omnipotencia y así lograr la verdadera vida".

También encuentro mucha sabiduría en esta reflexión del novelista francés Victor Hugo: "Para la persona espiritual es en la muerte donde todo comienza".

Ver la muerte sólo como un paso a otra vida no llena nuestros vacíos pero si llena el alma de esperanza. Por eso los orientales asumen la muerte con más entereza y con una serenidad que envidiamos en occidente.

Y también nosotros podemos lograrlo si nuestras relaciones son menos dependientes y somos más espirituales.

En efecto, sólo la fe y el amor alejan las sombras que la muerte trae a nuestro cielo. Creamos de verdad en la resurrección y en una vida mejor después de esta.

Conjurar la hipocresía

*P*ocos pasajes hay en la Biblia que denuncien con tanta firmeza y claridad la hipocresía religiosa como los que leemos en el profeta Isaías.

Una y otra vez debemos acudir a los capítulos 1 y 58 de Isaías si de verdad queremos practicar una fe auténtica.

Una fe que no mezcle rezos y robos, alabanzas y engaños, ritos e injusticias, aleluyas con inmoralidad. Algo tan común en un mundo en el que la doblez es norma de vida y a diario se cumple el dicho de "peco, rezo y empato".

Ojalá nos dejemos interpelar por el mensaje divino del profeta, que muestra cómo el Señor odia la religión falsa de los hipócritas:

"No sigáis trayendo oblación vana, -dice el Señor-, el humo del incienso me resulta detestable... no tolero falsedad y solemnidad. Vuestras fiestas y solemnidades aborrece mi alma, y al extender vuestras palmas me tapo para no veros.

Vuestras manos están llenas de sangre, lavaos, limpiaos y quitad vuestras fechorías. Dejad de hacer el mal y aprended a hacer el bien. Buscad lo justo". (Isaías 1).

La felicidad

En los antiguos cuentos de hadas no se halla la fórmula para ser feliz. Tampoco en los modernos relatos de ciencia ficción.

Y la razón es que esa fórmula no se puede condensar en pocas palabras como una receta mágica. Pero sí sabemos que los sabios y los maestros espirituales identifican la felicidad con la paz interior.

Y también sabemos que, según ellos, la paz interior se obtiene cuando se actúa de acuerdo a una conciencia recta.

En otras palabras, cuando somos fieles a unos valores éticos y espirituales según lo quiere Dios, no importando cómo lo llamemos.

Cada uno de nosotros elige el camino de la luz o de la sombra, de la vida o de la muerte. Cada quien elige amar u odiar.

No es fácil andar por el camino recto si vivimos alejados de Dios, pero con él al lado podemos alcanzar la anhelada paz interior.

Elijamos, pues, cuidar nuestra alma, actuar con buena conciencia y ser felices dando felicidad. ¿Cuándo? Ya. ¡En vida, hermano, en vida!

La puerta estrecha

La tecnología nos sorprende cada día con avances como la realidad virtual. Un logro que, como todos, puede elevarnos o degradarnos.

La tecnología es maravillosa cuando facilita nuestra vida, pero puede tendernos una trampa bastante peligrosa: nos incita a querer sólo lo cómodo, a rehuir el esfuerzo y a dejarnos anestesiar por un virus llamado hedonismo.

Claro que esto no es nuevo aunque hoy sea más evidente. Basta acercarse al mensaje de Jesús para comprobarlo:

"Entrad por la puerta estrecha porque ancha es la entrada y espacioso el camino que lleva a la perdición, y son muchos los que entran por ella.

Pero es estrecha la entrada y es angosto el camino que lleva a la Vida, y pocos son los que lo encuentran". Mateo 7, 13.

Nada grande se alcanza sin esfuerzo y sólo gracias a la dedicación y al sacrificio llegamos a la cumbre.

¡Ojo! Lo fácil seduce mas no siempre enriquece; el placer tienta, pero no siempre da felicidad. Es mejor entrar por la puerta estrecha del evangelio.

Novio = No vió

En un programa televisivo le preguntaron a un terapista matrimonial cuál era el mejor consejo para los novios.

Su respuesta fue muy sabia y la sintetizó en estas tres acciones: conocerse muy bien, ahondar la relación y ser realistas.

¿Es eso lo que hacen la mayoría de los novios? Lastimosamente no y por eso las frustraciones abundan y hacen daño.

Conocerse bien pide mucho diálogo profundo y sacar conclusiones del ambiente familiar de la otra persona. Uno sabe cómo es alguien si conoce bien cómo trata a sus familiares, amigos y conocidos.

Es imposible que sea buen esposo, alguien que es mal hijo, mal hermano y mal amigo.

Sin embargo hay quienes saben eso y siguen ciegamente enamorados de seres inmaduros, egoístas y de mal carácter.

Con el cuentico ese de que "va a cambiar" o "lo(a) voy a cambiar" se casan y abren los ojos cuando ya es muy tarde. Entonces aprenden que el amor real pide conocimiento profundo. Y también pide dejar de soñar con relaciones mágicas carentes de conflicto. El amor es real, no ideal.

Amor profundo

A demás de conocerse bien, lo mejor que pueden hacer los novios y las parejas es ahondar su relación, lo cual pide:

1. Llegar a un diálogo de sentimientos que construya una relación "cordial", de corazón con corazón, y no sólo de piel con piel.

2. Quitarse las máscaras, mostrarse como uno es y no camuflar las fallas ni ocultar los vacíos.

3. Ahondar una relación es, sobre todo, alimentarla espiritualmente. En efecto, sin espíritu, toda relación vive de dulces ilusiones.

4. Y ponerle raices a una relación, pide también centrarla en valores y no en emociones, en gustos o en el puro romance.

Uno se pregunta cuántas parejas aprovechan el noviazgo y el matrimonio para ponerle bases firmes a su relación, así como se hace con un edificio, con sólidos cimientos.

No, lo común es que malgasten tiempo y energías en lo superficial y lo superfluo. Después, claró está, llegan las lágrimas.

Y vale la pena insistir en los puntos 3 y 4 ya que sin cultivo espiritual y sin valores el "amor" es un río seco; es una casa levantada sobre arena.

No usar a los hijos

Uno de los más serios errores de las parejas en crisis es pensar que un hijo los va a unir. En realidad los hijos nunca deben ser el motivo principal ni para unir ni para separar a los esposos.

Lo objetivo es separar la relación conyugal de la relación paternal y así evitar terribles confusiones. No es insensibilidad sino realismo dejar de lado a los hijos, y centrarse en la relación de pareja que es la que define todo.

Si, es obvio que lo mejor para los hijos es que sus padres estén unidos, pero sólo si se aman y hay armonía.

De lo contrario se les hace un inmenso daño soportando continuas peleas, y siendo testigos de un amor muerto y de una farsa.

Es de insensatos encargar un bebé para salir de una crisis o vivir juntos pero separados dizque por los hijos.

Lo que un hijo necesita es amor y estabilidad, ojalá en un hogar armónico, o por lo menos con padres separados pero que lo sigan amando.

¡Ojo bonitas!

*Q*uizás usted se ha preguntado alguna vez qué puede haber de cierto en este dicho: "La suerte de la fea, la bonita la desea".

En la Universidad de California se hizo un estudio con 600 alumnas calificando su belleza física y su rendimiento académico. El grado de aprovechamiento académico de las más bonitas fue en un 14% inferior al de las feas.

Lógico que no se puede generalizar, pero la hermosura puede ir acompañada de soberbia, superficialidad y pereza, tanto en hombres como en mujeres.

Sicológicamente la belleza física suele ser una trampa para quien no cultiva otros valores más importantes y duraderos.

Por otra parte, las personas no tan bonitas tratan de enriquecerse humanamente para compensar su carencia de atractivos físicos.

Según otro estudio, una persona demasiado atractiva tiene un 25% menos probabilidades de crear un hogar feliz que la persona común y corriente. De ahí que la prioridad sea cultivarse interior y espiritualmente. Si además hay belleza física, bienvenida sea. No vivas de apariencias.

Rodeados de maravillas

Un frigorífico es uno de los inventos más útiles creado por el ser humano. ¿A quienes se lo debemos?

Hace más de 300 años, en 1685, un científico de apellido Lahire descubrió las propiedades refrigerantes del cloruro armónico.

Un siglo más tarde Cullón produjo frío con una máquina neumática y en 1834 Perkins avanzó más al evaporar éter en el vacío.

Fue después, en 1857, cuando Ferdinand Carré causó sensación al mostrar una máquina que fabricaba bloques de hielo gracias al calor. Construyó un aparato portátil para usos domésticos, y lo que se hizo después fue agregar mejoras ya no tan determinantes.

Como podemos ver, los inventos se deben a muchas personas y casi siempre son el fruto de una gran dedicación y de repetidos fracasos.

Lo grave es que no valoremos las maravillas que usamos y nos quejemos tanto en lugar de dar gracias sin cesar.

No estaría mal que fijaras este mensaje en tu nevera y, al verlo cada día, te animaras a agradecer y a mirar el lado amable de la vida. ¡Ten presente que vives rodeado de maravillas!

Padre Nuestro

*D*í *Padre* si cada día te portas como hijo y tratas a todos como hermanos.

Dí *nuestro* si no te aislas con tu egoísmo.

Dí *que estás en los cielos* cuando seas espiritual y no pienses sólo en la tierra.

Dí *santificado sea tu nombre* si amas a Dios con todo el corazón, con toda el alma y con todas las fuerzas.

Dí *venga a nosotros tu reino* si de verdad Dios es tu rey y trabajas para que él reine en todas partes.

Dí *hágase tu voluntad* si la aceptas y no quieres que sólo se haga la tuya.

Dí *danos hoy nuestro pan* si sabes compartir con los pobres y con los que sufren.

Dí *perdona nuestras ofensas* si perdonas de corazón y cancelas el rencor.

Dí no *nos dejes caer en tentación* si de verdad estás decidido a alejarte del mal.

Dí *líbranos del mal* si tu compromiso es por el bien.

Y dí *amén* si tomas en serio las palabras de esta oración.

Humor familiar

*H*ay tres edades en la vida de un hombre: cuando cree en el Niño Dios, cuando no cree en el Niño Dios, y cuando él es el Niño Dios.

También hay tres maneras de que unos padres logren que en su casa se haga algo:

1. Hacerlo ellos mismos.
2. Pagarle a alguien para que lo haga.
3. Prohibirle a sus hijos que lo hagan.

Y siguiendo con notas de humor familiar, acá van otras:

* Mientras los hijos pasan de los 12 a los 20 años, los padres envejecen 30 años.

* Si usted vuelve a preocuparse por el embarazo es porque sus hijos han llegado a la adolescencia.

* Hay algo que difícilmente se ve en la habitación de un adolescente: el piso.

* Los padres de familia se pasan los primeros años enseñando a sus hijos a caminar y a hablar. Después tratan por todos los medios de enseñarles a estar quietos y a callarse.

* La mujer se pasa la primera parte de la vida buscando marido, la segunda buscando al marido.

Más humor familiar

Con buen humor la vida es más llevadera, lo pesado se hace ligero y brilla más el sol. Aquí van, pues, varias notas graciosas para sonreír.

* Cuando a tu casa entra una llamada telefónica es para tus hijos; cuando llega la cuenta, es para ti.

* Si la evolución de verdad funciona, ¿por qué las mamás tienen únicamente dos manos?

* Si los hombres fueran mamás, la maternidad estaría hace tiempo de primera en la lista de los derechos humanos.

* La maternidad no es fácil. Si lo fuera, los hombres serían mamás.

* El mejor modo de llamar la atención de tus niños es sentarte a descansar en un lugar tranquilo.

* Cuando yo tenía 14 años mi papá era un perfecto ignorante, ahora que tengo 22 me asombro de todo lo que ha aprendido el viejo en estos ocho años.

* Si el niño es divino, inteligente, querido, un angelito, un genio y un primor, entonces tú eres abuelo o abuela.

* En la expresión "mamá trabajadora", sobra una palabra.

La gacela y el león

*D*e autor anónimo es este mensaje sugestivo:

"Cada mañana, en el Africa, una gacela se despierta; sabe que deberá correr mas rápido que el león, o éste la matará.

Cada mañana en el Africa, un león se despierta; sabe que deberá correr mas rápido que la gacela, o morirá de hambre.

Cada mañana, cuando sale el sol, y no importa si eres un león o una gacela, mejor será que te pongas a correr".

Sí, lo mejor que puedes hacer es ponerte en camino con una firme confianza y un renovado entusiasmo. Correr con la fuerza de la esperanza y con esa energía interior que permite superar obstáculos y avanzar sin decaer.

Seas león o gacela tienes que sentir el milagro de estar vivo, derrotar el desaliento y correr con ganas. Si haces una lista de tus dones y te olvidas del ayer, podrás vivir el HOY con optimismo y serás capaz de insistir con tenacidad.

¡Animo! ¡No te rindas! ¡Corre con ilusión y cambia el pesimismo por una actitud mental y emocional positiva! ¡Recuerda que estar vivo es un milagro!

Indice